대문자	소문자	발음 / 명칭	발음
A	a	[aː]	아
Ä	ä	[ɛː] / A-Umlaut	에
B	в	[beː]	베
C	c	[tseː]	체
D	d	[deː]	데
E	e	[eː]	에
F	f	[ɛf]	에프
G	g	[geː]	게
H	h	[haː]	하
I	i	[iː]	이
J	j	[jɔt]	요트
K	k	[kaː]	카
L	l	[ɛl]	엘
M	m	[ɛm]	엠
N	n	[ɛn]	엔

대문자	소문자	발음 / 명칭	발음
O	o	[o ː]	오
Ö	ö	[øː] / O-Umlaut	외
P	p	[pe ː]	페
Q	q	[ku ː]	쿠
R	r	[ɛr]	에르
S	s	[ɛs]	에스
	ß	[ɛstsɛ́t]	에스체트
T	t	[te]	테
U	u	[u ː]	우
Ü	ü	[yː] / U-Umlaut	위
V	v	[faʊ]	파우
W	w	[ve ː]	베
X	x	[iks]	익스
Y	y	[ýpsilɔn]	윕실론
Z	z	[tsɛt]	체트

한 번만 봐도 기억에 남는

테마별 회화 독일어 단어 2300

이진금 엮음

Vitamin Book
비타민북

독일어는 현재 1억 2000여만 명이 사용하는 세계 제 6위의 주요 언어이며, 유럽에서 가장 많이 쓰이는 언어입니다. 독일·오스트리아·리히텐슈타인(스위스와 오스트리아의 국경에 있는 입헌 공국)의 국어이며, 스위스·룩셈부르크·벨기에·루마니아·유럽연합의 공용어로서, 유럽의 많은 나라에서 통용되는 중요한 언어입니다.

뿐만 아니라 독일은 국내총생산(GDP)이 2010년 2조 5000억 유로(Euro)로 세계 4위를 차지하는 최대 교역국이며, 유럽연합(EU)내 GDP 1위로 유럽 경제에 막강한 영향을 주는 나라입니다. 최근 유럽 여러 나라들의 경기 침체가 지속되고, 실업률이 증가하는 위기 상황에서 독일은 높은 기술력을 앞세운 제조업 분야의 수출을 통해 실업률을 줄이고, 안정적인 성장세를 유지해 독일 경제의 저력을 보여주고 있습니다.

독일의 지속적인 경제 발전에는 고용 안정이나 동반 성장, 금융규제, 장기적인 안목을 바탕으로 한 정책 등이 뒷받침하고 있으며, 이러한 기조는 사회복지, 교육, 환경 등의 사회 전반에서 선진 정책들로 나타나고 있습니다. 원칙을 중시하고 그에 따른 규제를 주저하지 않는 독일인의 국민성은 때론 우리에게 익숙하지 않거나 불편하게 여겨질 수도 있지만, 그들의 합리적인 사고와 생활방식은 우리를 점점 매료시킵니다.

독일어도 마찬가지입니다. 독일어를 처음 접하는 분들은 종종 독일어의 각종 성과 격변화, 동사의 위치 변화와 같은 온통 생소하고 복잡한 원칙들로 다소 불편해 할 수 있습니다. 하지만 이 언어에 젖어들면 들수록, 어려운 수학 문제의 답이 논리적으로 풀리는 순간의 희열처럼 묘한 매력을 느끼게 될 것입니다. 앞으로 독일어의 매력에 빠져 들게 될 분들에게 이 책이 좋은 길잡이가 되기를 바랍니다.

독일어를 처음 접하는 분들을 위해 문법의 이해를 돕고자 간단한 문법표를 도입부에 두었고, 최대한 실생활에서 사용하는 어휘와 표현을 전달하고자 노력했습니다. 이를 위해 도움을 주신 Petra Kraus 선생님께 감사의 인사를 드립니다.

2012년 6월 이진금

이 책은 본문을 9개 테마(Theme)로 나누고, 테마별로 작은 Unit을 두어 다양한 주제별 어휘(전체 어휘 약 2,300개)를 실었다.

★ 그림 단어

재미있게 단어를 외울 수 있도록 그림을 함께 실었고, 독일어에 더욱 쉽게 접근할 수 있도록 발음을 한글로 표기하였다. 또한 각 단어 아래에는 실생활 회화에서 흔히 사용되는 짧은 문장을 실어, 그 단어가 생생하게 연상 기억될 수 있도록 하였다.

★ 관련 단어

그림 단어와 관련된 테마의 단어를 보충하여, 독일어의 어휘를 한층 더 넓힐 수 있게 하였다.

★ 회화와 짧은 문장

테마별 상황에 관련된 짧은 회화나 단어를 이용한 문장을 실어, 독일어로 읽고 익힐 수 있게 하였다.

★ 연습문제

Theme가 끝날 때마다 연습문제를 두어, 단어를 익힌 후에는 스스로 테스트해 볼 수 있도록 하였다.

★ 한글과 독일어 색인(Index)

본문에 나온 어휘를 가나다 순의 한글 색인과 알파벳 순의 독일어 색인으로 만들어, 한글과 독일어 어느 쪽으로든 찾아보기 쉽게 배려하였다.

★ 단어 표기법

각 단어의 문법은 다음과 같은 원칙으로 정리하였다.

명사

1 명사의 성은 정관사로 표시하였다.

2 단수2격 변화형은 생략하였다.

3 명사의 복수형

- 복수형은 해당 복수어미만 제시하였다.
- 어간모음의 변화가 있는 경우 복수형 전체를 표시하였다.
- 합성어의 경우 어간 모음이 변하는 부분만 별도로 표시하였다.
- 형용사와 명사가 결합된 경우 형용사 어미변화를 고려하여 명사구 전체를 표시하였다

4 단수로만 나타나는 명사의 경우 Sg. 로 표시하였다.

복수로만 나타나는 명사의 경우 Pl. 로 표시하였다.

단, 복수형이 존재해도 주로 단수형으로 쓰이거나, 단수형이 존재해도 주로 복수형으로 쓰이는 경우 별도로 Sg. , Pl. 표시를 추가하였다.

동사

1 동사의 격지배의 경우 3격은 jm. 4격은 jn.으로 표시하였다.

2 분리 동사의 경우 분리전철과 동사 사이에 | 표시를 두어 구분하였다.

★ 발음, 독음

1 독일어 발음은 Duden사전 6. Das Aussprachewörterbuch를 기준으로 하였다. 발음은 단수형만 제시하였으며, 직업명사의 경우 남자명사의 발음만 제시하였다.

2 한국어 독음의 경우 표준 외래어 표기법을 기준으로 하였다.

하지만 학습사전인 만큼 실제 발음되는 소리와 차이가 많이 나는 경우에 실제 소리에 가깝게 표시하였다. **예** Sänger 젱거(X), 젱어(O)

특히 파열음 [p], [t], [k]의 경우 놓인 위치나 이웃하는 소리에 따라 달리 표시하였다. **예** Tag 탁, Dickdarm 딕다름, Berg 베르크

초보자를 위해 가급적 실제 소리에 가까운 독음을 쓰려고 했으나, 철자 r이나 f처럼 우리말로 표현하는데 한계가 있을 수 있으므로, CD로 정확한 발음을 듣고 학습하기 바란다.

★ CD

명사가 주를 이루는 학습사전인 점을 감안하여 정관사와 단어를 함께 읽어주어 명사의 성을 암기하는 데 도움을 주고자 했다. 성이 두 개인 경우 두 가지를 모두 읽어주었으며, 직업명사의 경우 남성명사와 여성명사를 모두 읽어주었다.

CONTENTS

Theme

4

→ Stadt 도시 ································· 97

Theme

5

→ Verkehr 교통 ······························ 137

대문자	소문자	발음 / 명칭	발음
A	a	[aː]	아
Ä	ä	[εː] / A-Umlaut	에
B	b	[beː]	베
C	c	[tseː]	체
D	d	[deː]	데
E	e	[eː]	에
F	f	[εf]	에프
G	g	[geː]	게
H	h	[haː]	하
I	i	[iː]	이
J	j	[jɔt]	요트
K	k	[kaː]	카
L	l	[εl]	엘
M	m	[εm]	엠
N	n	[εn]	엔

대문자	소문자	발음 / 명칭	발음
O	o	[o ː]	오
Ö	ö	[ø ː] / O-Umlaut	외
P	p	[pe ː]	페
Q	q	[ku ː]	쿠
R	r	[ɛr]	에르
S	s	[ɛs]	에스
	ß	[ɛstsét]	에스체트
T	t	[te]	테
U	u	[u ː]	우
Ü	ü	[y ː] / U-Umlaut	위
V	v	[faʊ]	파우
W	w	[ve ː]	베
X	x	[iks]	익스
Y	y	[ýpsilɔn]	윕실론
Z	z	[tsɛt]	체트

1. 명사 Nomen

- **성**(Genus) : 남성(Maskulinum), 여성(Femininum), 중성(Neutrum)
- **수**(Numerus) : 단수(Singular), 복수(Plural)
- **격**(Kasus) : 1격/주격(Nominativ), 2격/소유격(Genitiv),
  3격/여격(Dativ), 4격/목적격(Akkusativ)

  ＊ 독일어 명사는 항상 대문자로 쓴다.

1 명사의 성

- 자연성이 그대로 명사의 성이 되기도 한다.

  예 der Vater, die Mutter

- 대부분의 경우 각각의 명사들이 고유한 성을 가지기 때문에 성을 예견할 수 없다. 하지만 어미에 따라 구분되기도 한다.

	어미에 따른 구분	예
남성	-er, -ling, -är/-or/-ör/-ier/-eur, -ent/-and/-ant/-ient, -ig/-ich,-mus	Bruder, Schmetter**ling**, Mot**or**, Stud**ent**, Hon**ig**, Organis**mus**
여성	-e, -in, -heit/-keit/-igkeit, -ei, -schaft, -ion, -ung, -tät, -ik, -ur	Tasch**e**, Schüler**in**, Krank**heit**, Bücher**ei**, Wissen**schaft**, Nat**ion**, Lös**ung**
중성	-chen/-lein, -um, -nis, -ment, -o/-eau, -en (동사의 명사화)	Mäd**chen**, Dat**um**, Zeug**nis**, Test**ament**, Kino, Les**en**

2 명사의 수

독일어 명사의 복수형 어미는 5가지 유형으로 구분된다.
- Ø(어미 없음), E(어미 −e), R(어미 −er), N(어미 −(e)n), S(어미 −s)
- 모음 a, o, u, au의 경우 ä, ö, ü, äu로 변모음(Umlaut)이 되기도 한다.
  (N, S 변화 제외)

어미		예	특징
Ø	− (+Umlaut)	der Schüler, die Schüler der Bruder, die Brüder	* 특히 -er로 끝나는 남성명사
E	−e (+Umlaut)	das Brot, die Brote die Hand, die Hände	* 특히 남성, 중성명사 * 1음절 여성명사, 변모음
R	−er (+Umlaut)	das Kind, die Kinder der Mann, die Männer	* 특히 중성명사 * 여성명사는 해당 없음
N	−(e)n	die Frau, die Frauen die Tomate, die Tomaten	* 특히 여성명사 * 변모음은 일어나지 않음
S	−s	das Auto, die Autos das Handy, die Handys	* a, i, o, u로 된 외래어 * 변모음은 일어나지 않음

◆ **단수로만 사용되는 명사들**(Singularetantum)

고유명사, 집합명사, 물질명사, 추상명사는 항상 단수로 사용된다. 하지만 예외적으로 세부적인 의미를 나타내고자 할 때에는 복수가 형성될 수 있다. 예 die Post, das Obst

◆ **복수로만 사용되는 명사들**(Pluraletantum)

지시하는 대상이 복수의 사람이나 사물, 개념 등을 나타내기 때문에 항상 복수로 사용된다.

예 die Eltern, die Leute, die Ferien

③ 명사의 격

· 남성, 중성명사 단수2격에 −(e)s가 붙는다.(여성명사 제외)
· 복수 3격에 −n이 붙는다.(복수어미 N유형, S유형은 제외)
· 몇몇 명사의 경우 2, 3, 4격에서 어미 −(e)n이 붙는다.(복수어미 N유형)

		Ø 유형	E 유형	R 유형	N 유형	S 유형
단수 Sg.	1격	Onkel	Hand	Mann	Junge	Hotel
	2격	Onkels	Hand	Mannes	Jungen	Hotels
	3격	Onkel	Hand	Mann	Jungen	Hotel
	4격	Onkel	Hand	Mann	Jungen	Hotel
복수 Pl.	1격	Onkel	Hände	Männer	Jungen	Hotels
	2격	Onkel	Hände	Männer	Jungen	Hotels
	3격	Onkeln	Händen	Männern	Jungen	Hotels
	4격	Onkel	Hände	Männer	Jungen	Hotels

2. 관사 Artikel

· 관사가 생략되는 경우 : 고유명사, 물질명사, 추상명사, 직업/국가명/종교/사회적 지위 등에 관련된 명칭

① 정관사의 변화

	남성	여성	중성	복수
1격	der	die	das	die
2격	des	der	des	der
3격	dem	der	dem	den
4격	den	die	das	die

② 부정관사의 변화

	남성	여성	중성	복수
1격	ein	eine	ein	−
2격	eines	einer	eines	−
3격	einem	einer	einem	−
4격	einen	eine	ein	−

3. 대명사 Pronomen

1 인칭대명사(Personalpronomen)

	단수(Sg.)					복수(Pl.)		
	1인칭	2인칭	3인칭			1인칭	2인칭	3인칭
			m.	f.	n.			
1격	ich	du	er	sie	es	wir	ihr	sie/Sie*
2격	meiner	deiner	seiner	ihrer	seiner	unser	euer	ihrer/Ihrer*
3격	mir	dir	ihm	ihr	ihm	uns	euch	ihnen/Ihnen*
4격	mich	dich	ihn	sie	es	uns	euch	sie/Sie*

＊ Sie(당신)는 원래 2인칭 du(너), ihr(너희들)에 대한 존칭의 형태이지만, 문법적으로 변화하는 형
태가 3인칭 복수와 동일하여 3인칭 옆에 나란히 표시하였다.

2 소유대명사(Possesivpronomen) / 소유관사(Possesivartikel)

	단수(Sg.)					복수(Pl.)		
	1인칭	2인칭	3인칭			1인칭	2인칭	3인칭
			m.	f.	n.			
소유대명사 (소유관사)	mein	dein	sein	ihr	sein	unser	euer	ihr/Ihr*

3 재귀대명사(Reflexivpronomen)

	단수(Sg.)					복수(Pl.)		
	1인칭	2인칭	3인칭			1인칭	2인칭	3인칭
			m.	f.	n.			
3격	mir	dir	sich			uns	euch	sich
4격	mich	dich	sich			uns	euch	sich

4. 형용사 Adjektiv

★ 형용사의 어미변화

- 형용사가 부가어적으로 쓰일 경우 어미 변화한다.
- 관사의 유무와 종류에 따라 크게 세 가지로 구분된다.

① 형용사 + 명사 : 강변화

	단수(Sg.)			복수 (Pl.)
	남성	여성	중성	
1격	alter Mann	schöne Frau	leeres Zimmer	gute Bücher
2격	alten Mannes	schöner Frau	leeren Zimmers	guter Bücher
3격	altem Mann	schöner Frau	leerem Zimmer	guten Büchern
4격	alten Mann	schöne Frau	leeres Zimmer	gute Bücher

② 정관사 + 형용사 + 명사 : 약변화

	단수(Sg.)			복수 (Pl.)
	남성	여성	중성	
1격	der alte Mann	die schöne Frau	das leere Zimmer	die guten Bücher
2격	des alten Mannes	der schönen Frau	des leeren Zimmers	der guten Bücher
3격	dem alten Mann	der schönen Frau	dem leeren Zimmer	den guten Büchern
4격	den alten Mann	die schöne Frau	das leere Zimmer	die guten Bücher

③ 부정관사 + 형용사 + 명사 : 혼합변화

	단수(Sg.)			복수 (Pl.)
	남성	여성	중성	
1격	ein alter Mann	eine schöne Frau	ein leeres Zimmer	meine guten Bücher
2격	eines alten Mannes	einer schönen Frau	eines leeren Zimmers	meiner guten Bücher
3격	einem alten Mann	einer schönen Frau	einem leeren Zimmer	meinen guten Büchern
4격	einen alten Mann	eine schöne Frau	ein leeres Zimmer	meine guten Bücher

※※ 부정관사는 복수형이 없으나, 소유대명사나 kein을 위해 복수형 예문을 표시하였다.

★ 형용사의 명사화

- 명사화도 강변화, 약변화, 혼합변화한다.
- 남성, 여성, 복수는 '사람', 중성은 '사물'과 추상적인 개념을 뜻한다.
- 대문자로 쓰며, 격변화 한다.(중성 2, 3격은 거의 쓰이지 않는다)

	(관사)+형용+명사		명사화 (단수1격)		4격	
강변화	alter	Mann		Alter		Alten
	kranke	Frau		Kranke		Kranke
	neues	Ding		Neues		Neues
약변화	der	alte	Mann	der	Alte	den	Alten
	die	kranke	Frau	die	Kranke	die	Kranke
	das	neue	Ding	das	Neue	das	Neue
혼합변화	ein	alter	Mann	ein	Alter	einen	Alten
	eine	kranke	Frau	eine	Kranke	eine	Kranke
	ein	neues	Ding	ein	Neues	ein	Neues

★ 형용사의 비교변화

- 1음절 단모음일 경우 주로 변모음한다.
- 치음이나 −d/−t로 끝날 경우, 최상급 어미를 붙일 때 −e−를 넣어주고, −e/−el/−er로 끝날 경우, 비교급 어미를 붙일 때 말음의 e를 생략한다.

규칙			불규칙		
원급	비교급	최상급	원급	비교급	최상급
alt	älter	ältest	gut	besser	best
jung	jünger	jüngst	viel	mehr	meist
kurz	kürzer	kürzest	hoch	höher	höchst
lang	länger	längst	nah	näher	nächst
weit	weiter	weitest	wenig	weniger	wenigst
dunkel	dunkler	dunkelst		minder	mindest

* 비교 구문 예
- 원급 : Der Bus ist **so** schnell **wie** das Auto.
- 비교급 : Der Zug ist schnell**er als** das Auto.
- 최상급 : Der Zug ist **am** schnell**sten**.

5. 동사 Verb

⬛1 동사의 현재인칭변화

· 동사의 기본형은 −en으로 끝나며, 주어의 인칭에 따라 해당 어미를 붙여준다. 어간 끝이 −d/−t로 끝날 경우 발음상 단수 2, 3인칭과 복수 2인칭에서 −e−를 넣어주고, 어간 끝이 치음으로 끝나는 경우 단수 2인칭에서 −st가 아니라 −t를 붙인다.

· 어미뿐만이 아니라 어간 모음이 변하는 동사들이 있는데, 이들을 '불규칙 동사'라 한다. 이러한 동사들은 단수2, 3인칭에서 어간 모음이 변하는데, 이때 e → i/ie , a → ä 로 변한다.

인칭		어미	규칙동사			불규칙동사		
			kommen	arbeiten	heißen	essen	sehen	fahren
단수	ich	-e	komme	arbeite	heiße	esse	sehe	fahre
	du	-(e)st	kommst	arbeitest	heißt	isst	siehst	fährst
	er/sie/es	-(e)t	kommt	arbeitet	heißt	isst	sieht	fährt
복수	wir	-en	kommen	arbeiten	heißen	essen	sehen	fahren
	ihr	-(e)t	kommt	arbeitet	heißt	esst	seht	fahrt
	sie/Sie*	-en	kommen	arbeiten	heißen	essen	sehen	fahren

2 sein, haben, werden 동사의 변화형

		sein	**haben**	**werden**	
단수	ich	bin	habe	werde	• 3요형 (기본형–과거–과거분사)
	du	bist	hast	wirst	sein - war - gewesen
	er/sie/es	ist	hat	wird	haben - hatte - gehabt
복수	wir	sind	haben	werden	werden - wurde - worden/
	ihr	seid	habt	werdet	geworden
	sie/Sie	sind	haben	werden	

3 동사의 3요형

- 규칙동사(약변화) : 과거형 −te, 과거 분사형 ge−t의 형태(어간모음 변화 없음)
- 불규칙동사 I (강변화) : 과거형은 어미 없이 어간 모음이 변하고, 과거 분사형은 ge−en의 형태에 어간모음이 변하기도 한다.
- 불규칙동사 II (혼합변화) : 약변화와 강변화형의 혼합형으로 어간은 강변화, 어미는 약변화를 따른다

	부정형	과거형	과거분사형	예문
규칙 (약변화)	arbeiten	arbeitete	gearbeitet	과) Er sagte.
	sagen	sagte	gesagt	현·완) Er hat gesagt.
불규칙I (강변화)	lesen	las	gelesen	현·완) Sie hat es gelesen.
	kommen	kam	gekommen	현·완) Er ist heute gekommen.
불규칙II (혼합변화)	bringen	brachte	gebracht	과) Ich dachte.
	denken	dachte	gedacht	현·완) Ich habe gedacht.

THEMATIC GERMAN WORDS

Theme 1

→ Mensch 멘쉬 인간

1 인간
2 주거
3 수
4 도시
5 교통
6 업무
7 쇼핑
8 스포츠 · 취미
9 지역

der Körper, – 쾨르퍼 **신체**

der Kopf, Köpfe 코프 머리 부분

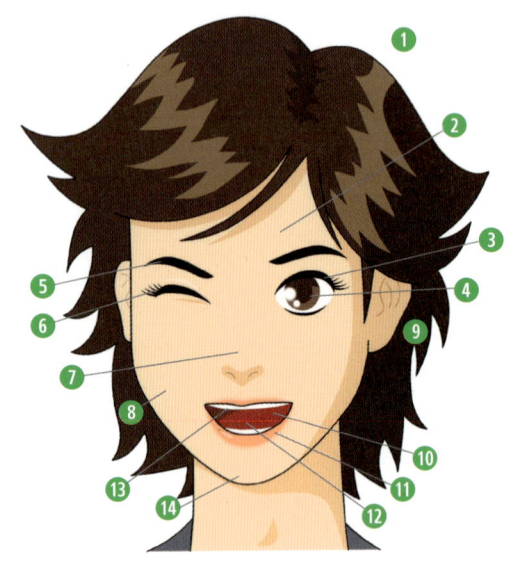

1 das Haar, -e [haːɐ] 하르 머리카락

2 die Stirn, -en [ʃtɪrn] 슈티른 이마

3 das Auge, -n [áugə] 아우게 눈

4 die Pupille, -n [pupílə] 푸필레 **눈동자**

5 die Augenbraue, -n [áugnbrauə] 아우근부라우에 **눈썹**

6 die Wimper, -n [vímpɐ] 빔퍼 **속눈썹**

7 die Nase, -n [náːzə] 나제 **코**

8 die Wange, -n [váŋə] 방에 **볼**, **뺨**

❾ **das Ohr**, -en [oːɐ̯] 오어 귀

❿ **der Mund**, Münder [mʊnt] 문트 입

⓫ **die Lippe**, -n [lípə] 리페 입술

⓬ **die Zunge**, -n [tsʊŋə] 충에 혀

⓭ **der Zahn**, Zähne [tsaːn] 찬 이, 치아

⓮ **das Kinn**, -e [kɪn] 킨 턱

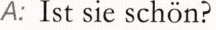

관련 단어

☐ **das Grübchen**, – [grýːpçən] 그륍헨 보조개

☐ **das Muttermal**, -e [mútɐmaːl] 무터말 점

☐ **die Falte**, -n [fáltə] 팔테 주름

☐ **der Pickel**, – [pʼíkl] 피클 여드름

☐ **der Bart**, Bärte [baːɐ̯t] 바르트 수염

☐ **der Schädel**, – [ʃέːdl] 쉐들 두개골

Dialog

A: Ist sie schön?
이스트 지 쇤?
그녀는 예뻐요?

B: Ja. Ihr Gesicht ist schön.
야, 이어 게지히트 이스트 쇤.
네, 그녀는 얼굴이 예뻐요.

1 인간
2 주거
3 수
4 도시
5 교통
6 업무
7 쇼핑
8 스포츠·취미
9 자연

die Figur von vorn
디 피구어 폰 포른 **앞모습**

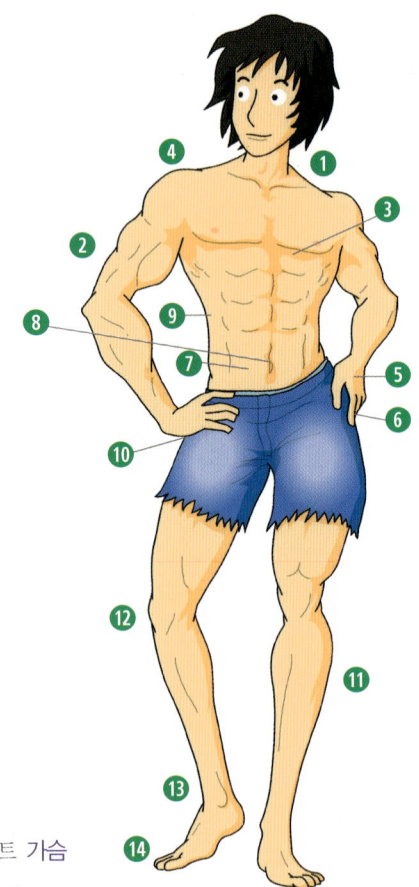

1 der Hals, Hälse [hals] 할스 목

2 der Arm, -e [arm] 아름 팔

3 die Brust, Brüste [brust] 브루스트 가슴

4 die Schulter, -n [ʃúltɐ] 슐터 어깨

5 die Hand, Hände [hant] 한트 손

6 der Finger, – [fíŋɐ] 핑어 손가락

7 der Bauch, Bäuche [baux] 바우흐 배

8 der Bauchnabel, – [báuxna:bl] 바우흐나블 배꼽

1 인간

2 주거

3 수

4 도시

5 교통

6 업무

7 쇼핑

8 스포츠·취미

9 자연

❾ die Rippe, -n [rípə] 리페 갈비뼈, 늑골

❿ das Becken, – [békn] 베큰 골반

⓫ das Bein, -e [bain] 바인 다리

⓬ das Knie, – [kniː] 크니 무릎

⓭ das Fußgelenk, -e [fúːsɡəlɛŋk] 푸스겔렝크 발목

⓮ der Fuß, Füße [fuːs] 푸스 발

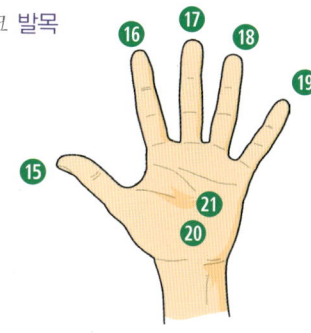

⓯ der Daumen, – [dáumən] 다우멘 엄지

⓰ der Zeigefinger, – [tsáiɡəfiŋɐ] 차이게핑어 인지, 집게손가락

⓱ der Mittelfinger, – [mítlfiŋɐ] 미틀핑어 중지, 가운뎃손가락

⓲ der Ringfinger, – [ríŋfiŋɐ] 링핑어 약지

⓳ der kleine Finger, die kleinen Finger [deːɐ̯ klainə fiŋɐ] 데어 클라이네 핑어 소지, 새끼손가락

⓴ die Handfläche, -n [hántflɛçə] 한트플레헤 손바닥

㉑ der Handrücken, – [hántrʏkn] 한트뤼큰 손등

Dialog

A: Du hast sehr lange Beine!
두 하스트 제어 랑에 바이네!
너, 다리가 참 길구나!

B: Ja, und ich habe auch sehr lange Finger.
야, 운트 이히 하베 아우흐 제어 랑에 핑어.
그렇지. 게다가 난 손가락도 무척 길어.

관련 단어

☐ **die Faust,** Fäuste [faust] 파우스트 주먹

☐ **das Handgelenk,** -e [hántgələɳk] 한트겔렝크 손목

☐ **der Fingernagel,** -nägel [fíɳəna:gl] 핑어나글 손톱

☐ **sich die Nägel schneiden**
[zɪç di : né:gl ʃnáidn] 지히 디 네글 슈나이든 손톱을 깎다

☐ **die Handlinie,** -n PL [hántli:niə] 한트리니에 손금

☐ **die Handlinien lesen** [di: hántli:niən lé:zn] 디 한트리니엔 레즌
손금을 보다

☐ **der Fingerabdruck,** -abdrücke [fíɳɐapdrʊk] 핑어압드룩 지문

☐ **der Linkshänder,** – [líɳkshendɐ] 링크스헨더 왼손잡이

☐ **der Rechtshänder,** – [réçtshendɐ] 레히츠헨더 오른손잡이

Dialog

A: Deine Fingernägel sind viel zu lang.
다이네 핑어네글 진트 필 추 랑.
너 손톱 너무 길다.

B: Ich weiss. Aber ich hatte keine Zeit, mir die Nägel
zu schneiden.
이히 바이스. 아버 이히 하테 카이네 차이트, 미어 디 네글 추 슈나이든.
알아. 그런데 깎을 시간이 없었어.

A: Oh, du bist Linkshänder?
오, 두 비스트 링크스헨더?
어, 너 왼손잡이구나?

B: Ja, hast du das bis jetzt nicht gewusst?
야, 하스트 두 다스 비스 예츠트 니히트 게부스트?
응, 지금까지 몰랐어?

die Figur von hinten
디 피구어 폰 힌튼 **뒷모습**

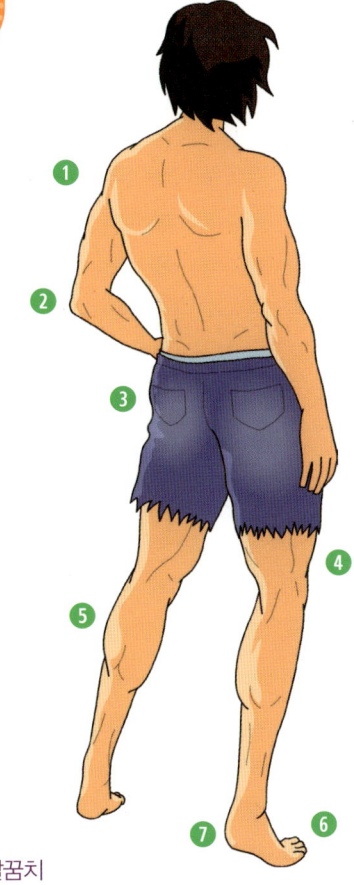

❶ der Rücken, – [rýkn] 뤼큰 등

❷ der Ellbogen, – [élbo:gn] 엘보근 팔꿈치

❸ das Gesäß, -e [gəzé:s] 게제스 엉덩이

❹ der Oberschenkel, – [ó:bɐʃeŋkl] 오버쉥클 허벅지

❺ der Unterschenkel, – [úntɐʃaŋkl] 운터쉥클 종아리

❻ die Zehe, -n [tsé:ə] 체에 발가락

❼ die Ferse, -n [férzə] 페르제 뒤꿈치

29

das Organ, -e 오르간 기관

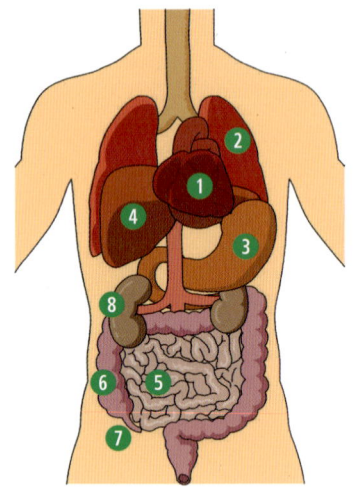

❶ das Herz, -en [hɛrts] 헤르츠 심장

❷ die Lunge, -n [lóŋə] 룽에 폐

❸ der Magen, Mägen [máːgn] 마근 위

❹ die Leber, -n [léːbɐ] 레버 간

❺ der Dünndarm, -därme [dýndarm] 된다름 소장

❻ der Dickdarm, -därme [díkdarm] 딕다름 대장

❼ der Blinddarm, -därme [blíntdarm] 블린트다름 맹장

❽ die Niere, -n [níːrə] 니레 신장

관련 단어

□ **das Gehirn**, -e [gəhírn] 게히른 뇌

□ **die Wirbelsäule**, -n [vírblzɔylə] 비르블조일레 척추

□ **der Nerv**, -en Pl. [nérf] 네르프 신경

□ **die Zelle**, -n [tsélə] 첼레 세포

□ **die Ader**, -n [á:dɐ] 아더 혈관

□ **das Blut** Sg. [blu:t] 블루트 혈액, 피

□ **der Knochen**, – [knóxn] 크노흔 뼈

□ **das Gelenk**, -e [gəléŋk] 겔렝크 관절

□ **der Muskel**, -n [múskl] 무스클 근육

□ **die Haut**, Häute [haut] 하우트 피부

□ **der Darm**, Därme [darm] 다름 장

□ **die Harnblase**, -n [hárnbla:zə] 하른블라제 방광

Dialog

A: Der Mann scheint empfindliche Nerven zu haben.
데어 만 샤인트 엠핀틀리헤 네르픈 추 하븐.
저 사람 신경이 무척 예민한가 봐.

B: Warum?(Was meinst du?)
바룸?(바스 마인스트 두?)
왜?

A: Er starrt uns weiter an, obwohl wir ganz leise
sprechen.
에어 슈타르트 운스 바이터 안, 옵볼 비어 간츠 라이제 슈프레흔.
우리가 작은 소리로 말하는데도 자꾸 쳐다보잖아.

die Familie, -n 파밀리에 **가족**

□ **der Opa,** -s [ó:pa] 오파 할아버지

□ **der Großvater,** -väter
[gró:sfa:tɐ] 그로스파터 **조부**

□ **die Oma,** -s [ó:ma] 오마 할머니

□ **die Großmutter,** -mütter
[gró:smʊtɐ] 그로스무터 **조모**

Mein Großvater kommt morgen
zurück.
마인 그로스파터 콤트 모르근 추뤽.
할아버지는 내일 돌아오신다.

□ **der Papa,** -s [pápa, papá:] 파파
아빠, 아버지

□ **der Vater,** Väter [fá:tɐ] 파터 **부친**

□ **die Mama,** -s [máma, mamá:] 마마
엄마, 어머니

□ **die Mutter,** Mütter [mótɐ] 무터 **모친**

Meine Mutter ist sehr schön.
마이네 무터 이스트 제어 쇤.
우리 엄마는 정말 예쁘다.

□ **der Onkel,** – [ɔ́ŋkl] 엉클 **삼촌**

□ **die Tante,** -n [tántə] 탄테 **고모, 이모**
Der Onkel hat mir Taschengeld
gegeben.
데어 엉클 하트 미어 타쉔겔트 게게븐.
삼촌이 용돈을 주셨다.

□ **der Bruder,** Brüder [brú:dɐ]
브루더 **형제**

□ **die Schwester,** -n [ʃvéstɐ]
슈베스터 **자매**

Mein älterer Bruder und meine
ältere Schwester haben mich lieb.
마인 엘터러 브루더 운트 마이네 엘터레 슈베스터
하븐 미히 립.
형과 누나는 나를 귀여워한다.

□ **der Sohn,** Söhne [zo:n] 존 아들

□ **die Tochter,** Töchter [tɔ́xtɐ] 토흐터 딸
　Der Nachbarssohn ist noch jung.
　데어 나흐바르스존 이스트 노흐 융.
　옆집 아들은 아직 어리다.

관련 단어

□ **der Mann,** Männer [man] 만 남편

□ **die Frau,** -en [frau] 프라우 부인

□ **die Eltern** Pl. [ɛltɐn] 엘터른 부모님

□ **die Geschwister** Pl. [gəʃvístɐ] 게슈비스터 형제자매

□ **der Cousin,** -s [kuz:ɛ̃] 쿠젱 남자 사촌
　die Cousine, -n [kuzí:nɛ] 쿠지네 여자 사촌

□ **der Neffe,** -n [néfə] 네페 남자 조카
　die Nichte, -n [níçtə] 니히테 여자 조카

□ **der Schwiegersohn,** -söhne [ʃvígɐzo:n] 슈비거존 사위

□ **die Schwiegertochter,** -töchter [ʃvígɐtɔxtɐ] 슈비거토흐터 며느리

□ **der Schwiegervater,** -väter [ʃvígɐfa:tɐ] 슈비거파터 시아버지, 장인

□ **die Schwiegermutter,** -mütter [ʃvígɐmutɐ] 슈비거무터 시어머니, 장모

□ **die Schwägerin,** -nen [ʃvé:gərin] 슈베거린 시누이, 올케

□ **der Schwager,** Schwäger [ʃvá:gɐ] 슈바거 시동생, 처남

□ **der, die Verwandte,** -n [fɛɐvántɐ] 페어반테 친척

2 주거
3 수
4 도시
5 교통
6 업무
7 쇼핑
8 스포츠·취미
9 자연

das Leben 레븐 **인생**

☐ die Geburt, -en
[gəbú:ɐ̯t] 게부르트 **탄생**

☐ das Baby, -s
[bé:bi] 베비 **아기**

☐ das Kind, -er [kɪnt] 킨트 어린이, **꼬마**
Das Kind spielt vergnügt.
다스 킨트 슈필트 페어그뷔트.
꼬마가 재미있게 놀고 있구나.

☐ der Junge, -n
[júŋə] 융에 **소년**

☐ das Mädchen, – [mé:tçən]
메트헨 **소녀**

☐ der, die Jugendliche, -n
[jú:gntlıçə] 유근틀리헤 **청소년**

☐ der junge Mann, die jungen Männer
[de:ɐ̯ júŋə man] 데어 융에 만 **청년**

☐ die junge Frau, die jungen Frauen
[di: júŋə frau] 디 융에 프라우 **처녀**

Wohin geht denn der junge Mann?
보힌 게트 덴 데어 융에 만?
저 청년은 지금 어디 가는 걸까?

☐ der, die Alte, -n [áltə] 알테
der Senior, -en [zé:nio:ɐ̯]
제니오어 **노인**

Hoffentlich bin ich auch im
Alter(als Senior) gesund.
호픈틀리히 빈 이히 아우흐 임
알터(알스 제니오어) 게준트.
노인이 되어서도 건강해야 할 텐데.

☐ der, die Erwachsene, -n
[ɛɐ̯váksnə] 에어박스네 **성인**

☐ **das Testament**, -e
[testamént] 테스타멘트 유언

Im Testament meines Großvaters
stand, dass wir ehrlich leben sollen.
임 테스타멘트 마이네스 그로스파터스 슈탄트, 다스
비어 에얼리히 레븐 졸렌.
할아버지의 유언은 정직하게 살라는 것이었다.

☐ **das Begräbnis**, -se
[bəgré:pnɪs] 베그랩니스 장례(식)

☐ **das Grab**, Gräber
[gra:p] 그랍 무덤

관련 단어

☐ **die Leichenverbrennung**, -en [láiçnfɐbrenʊŋ] 라이흔페어브레눙 화장
☐ **das Leben** Sg. [lé:bn] 레븐 인생
☐ **die Kindheit** Sg. [kínthait] 킨트하이트 어린 시절
☐ **die Jugend** Sg. [jú:gnt] 유근트 청년기
☐ **das Wachstum** Sg. [vákstu:m] 박스툼 성장
☐ **die Verlobung**, -en [fɛɐlóbʊŋ] 페어로붕 약혼
☐ **die Heirat**, -en Sg. [háira:t] 하이라트 결혼
☐ **die Scheidung**, -en [ʃáidʊŋ] 샤이둥 이혼
☐ **die Braut**, Bräute [braut] 브라우트 신부
☐ **der Bräutigam**, -e [brɔ́ytɪgam] 브로이티감 신랑
☐ **die Witwe**, -n [vítvə] 비트베 미망인
☐ **sterben** [ʃtérbn] 슈테르븐 죽다
☐ **der Tod**, -e Sg. [to:t] 토트 죽음

1 인간

1 인간
2 주거
3 수
4 도시
5 교통
6 업무
7 쇼핑
8 스포츠·취미
9 자연

Liebe und Heirat 리베 운트 하이라트 **사랑과 결혼**

□ jm. seine Liebe gestehen
[jé:mandəm záinə lí:bə gəʃté:ən]
예만뎀 자이네 리베 게슈테엔 **사랑을 고백하다**

□ **unerwiderte Liebe** [únɛɐ̯vi:dərtə lí:bə]
운에어비더르테 리베 **짝사랑**

Das ist die Frau, die meine Liebe nicht
erwidert.
다스 이스트 디 프라우, 디 마이네 리베 니히트
에어비더르트.
저 여자가 내가 짝사랑하는 사람이야.

□ **mit jm. gehen**
[mɪt jé:mandəm gé:ən]
미트 예만뎀 게엔 **사귀다**

Willst du von jetzt an mit
mir gehen?
빌스트 두 폰 예츠트 안 미트 미어 게엔?
우리 앞으로 사귀지 않을래?

□ **die Dreiecksbeziehung**, -en
[dráieksbetsi:uŋ] 드라이엑스베치웅 **삼각관계**

□ **sich auf den ersten Blick**(in jm.) **verlieben**
[zɪç auf de:n é:ɐ̯stn blɪk(ɪn jé:mandəm) fɛɐ̯lí:bn]
지히 아우프 덴 에르스튼 블릭 (인 예만뎀) 페어리븐 **첫눈에 반하다**

Ich habe mich auf den ersten Blick in dich verliebt.
이히 하베 미히 아우프 덴 에르스튼 블릭 인 디히 페어립트.
난 첫눈에 반했어.

□ **der feste Freund, die feste Freundin**
[deːɐ̯ fɛ́stə frɔ́ynt] 데어 페스테 프로인트 **애인**

Das ist meine feste Freundin. Wir sind schon
sehr lange zusammen.
다스 이스트 마이네 페스테 프로인딘. 비어 진트 숀 제어 랑에 추자멘.
이쪽은 내 애인이야. 우리는 정말 오래 사귀었어.

□ **heiraten** [háira:tn]
하이라튼 **결혼하다**

□ **die Hochzeitsreise**, -en
[hóxtsaitsraisə] 호흐차이츠라이제
신혼 여행

□ **schwanger sein** [ʃváŋɐ zain]
슈방어 자인 **임신하다**

Sie ist im siebten Monat schwanger.
지 이스트 임 집튼 모나트 슈방어.
그녀는 임신한 지 7개월이 되었다.

□ **der Streit**, -e [ʃtrait] 슈트라이트 **말다툼**

□ **streiten** [ʃtráitn] 슈트라이튼 **말다툼하다**

Ich weiss nicht, warum sie jeden Tag
streiten.
이히 바이스 니히트, 바룸 지 예든 탁 슈트라이튼.
그들은 왜 매일 말다툼을 하는지 모르겠어.

□ **der Freund**, -e
die Freundin, -nen
[frɔ́ynt] 프로인트 **친구**

관련 단어

☐ **das Geschlecht**, -er [gəʃléçt] 게슐레히트 성

☐ **das gleiche Geschlecht** Ⓢ [das gláiçə gəʃléçt]
다스 글라이헤 게슐레히트 **동성**

☐ **das andere Geschlecht** Ⓢ [das ándərə gəʃléçt]
다스 안더레 게슐레히트 **이성**

☐ **die erste Liebe** Ⓢ [di: é:ɐ̯stə lí:bə] 디 에르스테 리베 **첫사랑**

☐ **der Charme** Ⓢ [ʃarm] 샤름 **매력**

☐ **jm. einen Heiratsantrag machen** [jé:mandəm áinən háira:tsantra:k máxn]
예만뎀 아이넨 하이라츠안트락 마흔 **프러포즈하다, 구혼하다**

☐ **die Hochzeitseinladung**, -en [hóxtsaitsainla:duŋ] 호흐차이츠아인라둥
청첩장

☐ **der Ehering**, -e [é:ərɪŋ] 에어링 **결혼반지**

☐ **das neuvermählte Ehepaar** [das nɔ́yfɐ̯ɐ̯mɛ:ltə é:əpa:ɐ̯]
다스 노이페어멜테 에어파르 **신혼 부부**

☐ **der Ehegatte**, -n, **die Ehegattin**, -nen [é:əgatə] 에어가테 **배우자**

☐ **Kinder auf|ziehen** [kíndɐ áuftsi:ən] 킨더 아우프치엔 **양육, 아이를 키우다**

☐ **jn. kennen|lernen** [jé:mandən kénənlɐrnən] 예만덴 케넨레르넨 **알게 되다**

☐ **sich verabschieden** (von) [zɪç fɐ̯ɐ̯ápʃi:dn (fɔn)] 지히 페어압쉬든 (폰)
헤어지다

☐ **sich versöhnen** (mit) [zɪç fɐ̯ɐ̯zǿ:nən (mɪt)] 지히 페어죄넨 (미트) **화해하다**

☐ **sich zwischen zwei Stühle setzen** [zɪç tsvíʃn tsvai ʃtý:lə zétsn]
지히 츠비쉰 츠바이 슈튈레 제츤 **불충하다, 양다리 걸치다**

독일 문화 엿보기 | 독일의 혼례 풍습 Hochzeitsbrauch

독일에서는 지역에 따라 오래전부터 이어져 내려오는 다양한 결혼식 전야제 풍습들이 있다. 그 중에서 가장 대표적인 것은 폴터아벤트(Polterabend)인데, 축하객이 악마를 쫓고 행복을 기원하기 위해 자신의 집에서 쓰던 오래된 사기그릇이나 도자기를 가져와 신부의 집이나 신혼부부의 집 앞에서 접시를 깨며 떠들썩한 전야제를 벌이는 것이다. 이 때 유리잔은 불행을 상징하기 때문에 사용하지 않으며, 깨어진 조각들은 예비 신랑신부가 함께 치워야 한다.

결혼식은 결혼 등록소에서 가족이나 결혼보증을 해줄 증인이 참석한 가운데 진행된다. 종교가 있는 경우라면 결혼 등록을 마친 후 교회에서 또 한 번 결혼식을 올린다. 결혼식을 마치고 교회문을 나설 때 하객들은 신랑 신부에게 다산을 기원하는 쌀을 던지기도 한다. 그 후 차에 깡통을 매달고 경적을 요란하게 울리며 피로연장으로 자리를 옮긴다. 피로연은 우리와 다르게 식사를 하는 것뿐만 아니라 악단이 음악을 연주하고, 음악에 맞춰 춤을 추는 등 밤새도록 파티를 즐긴다.

Dialog

A: Meine Freundin heiratet diese Woche.
마이네 프로인딘 하이라테트 디제 보헤.
내 친구 이번 주에 결혼한대.

B: Wen heiratet sie?
벤 하이라테트 지?
어떤 사람이랑 하는데?

A: Es ist der Mann, mit dem sie schon seit fünf Jahren zusammen ist.
에스 이스트 데어 만, 미트 뎀 지 숀 자이트 퓐프 야렌 추자멘 이스트.
5년 동안 사귄 남자래.

B: Ich beneide sie.
이히 베나이데 지.
아, 정말 부럽다.

39

der Alltag 알탁 **일상생활**

☐ **auf | wachen** [áufvaxn] 아우프바흔
잠에서 깨다

☐ **auf | stehen** [áufʃteːən] 아우프슈테엔
일어나다

Morgen früh muss ich um 6 Uhr
aufstehen.
모르근 프뤼 무스 이히 움 젝스 우어 아우프슈테엔.
내일 아침에는 여섯 시에 일어나야 돼.

☐ **sich rasieren** [zɪç razíːrən]
지히 라지렌 **면도하다**

Ich habe mich beim Rasieren am
Kinn geschnitten.
이히 하베 미히 바임 라지렌 암 킨 게슈니튼.
면도하다가 턱을 베었다.

☐ **sich kämmen** [zɪç kémən]
지히 케멘 **머리를 빗다**

☐ **sich die Zähne putzen**
[zɪç di: tséːnə pútsn] 지히 디 체네 푸츤
이를 닦다

☐ **sich das Gesicht waschen**
[zɪç das gəzíçt váʃn] 지히 다스 게지히트 바쉰
세수하다

☐ **sich an | ziehen** [zɪç ántsiːən]
지히 안치엔 **옷을 입다**

Was soll ich heute anziehen?
바스 졸 이히 호이테 안치엔?
오늘은 무슨 옷을 입지?

□ **zur Arbeit gehen** [tsuːɐ̯ árbait géːən] 추어 아르바이트 게엔
출근하다

Mein Vater fährt normalerweise mit dem Bus zur Arbeit.
마인 파터 페르트 노르말러바이제 미트 뎀 부스 추어 아르바이트.
아버지는 보통 버스로 출근하신다.

□ **zu Mittag essen** [tsuː mítaːk ésn]
추 미탁 에쓴 점심 먹다

Ich esse um halb zwölf zu Mittag.
이히 에쎄 움 할프 츠뷜프 추 미탁.
나는 열한 시 반에 점심을 먹는다.

□ **die Dusche,** -n [dúʃə] 두쉐 샤워

□ **sich duschen** [zɪç dúʃn]
지히두쉔 샤워하다

□ **fern|sehen** [férnzeːən]
페른제엔 텔레비전을 보다

Ich habe beim Fernsehen
Chips gegessen.
이히 하베 바임 페른제엔 칩스 게게쓴.
텔레비전을 보면서 감자 칩을 먹었다.

□ **Musik hören** [muzík hǿːrən]
무직 회렌 음악을 듣다

Viele junge Leute hören in
der U-Bahn Musik.
필레 융에 로이테 회렌 인 데어 우반 무직.
많은 젊은이들은 전철에서 음악을 듣는다.

□ **schlafen gehen** [ʃláːfn géːən]
슐라픈 게엔 잠자리에 들다

1 인간
2 주거
3 수
4 도시
5 교통
6 업무
7 쇼핑
8 스포츠·취미
9 저녁

41

관련 단어

□ **das Geräusch,** -e [gəróyʃ] 게로이쉬 소리

□ **die Stimme,** -n [ʃtímə] 슈티메 목소리

□ **hören** [hó:rən] 회렌 듣다, 들리다

□ **sehen** [zé:ən] 제엔 보다, 보이다

□ **ergreifen** [eɐgráifn] 에어그라이픈 잡다

□ **berühren** [bərý:rən] 베뤼렌 닿다, 만지다

□ **probieren** [probí:rən] 프로비렌 맛보다

□ **die Wäsche waschen** [di: véʃə váʃn] 디 베쉐 바쉔 빨래하다

□ **bügeln** [bý:gln] 뷔글른 다림질하다

□ **baden** [bá:dn] 바든 목욕하다

□ **sich um∣ziehen** [zıç úmtsi:ən] 지히 움치엔 갈아입다

□ **Ordnung machen** [órdnuŋ máxn] 오르드눙 마흔
　ordnen [órdnən] 오르드넨 정리하다

□ **bis spät in die Nacht arbeiten** [bıs ʃpɛ:t ın di: naxt árbaitn]
　비스 슈페트 인 디 나흐트 아르바이튼 밤늦게 일하다

□ **verschlafen** [feɐʃlá:fn] 페어슐라픈 늦잠을 자다

□ **Tischtennis spielen** [tíʃtɛnıs ʃpí:lən] 티쉬테니스 슈필렌 탁구를 치다

□ **ein Computerspiel spielen** [ain kɔmpjú:tɐʃpí:l ʃpí:lən]
　아인 컴퓨터슈필 슈필렌 게임을 하다

□ **Mittagsschlaf halten** [míta:ksʃla:f háltn] 미탁스슐라프 할튼
　낮잠을 자다

□ **Klavier spielen** [klaví:ɐ ʃpí:lən] 클라비어 슈필렌 피아노를 치다

□ **jn. an∣rufen** [jé:mandən ánrufn] 예만덴 안루픈 전화를 걸다

□ **studieren** [ʃtudí:rən] 슈투디렌 공부하다

1 인간

2 주거

3 수

4 도시

5 교통

6 업무

7 쇼핑

8 스포츠·취미

9 자연

□ **ein Buch lesen** [ain bu:x lé:zn] 아인 부흐 레즌 **책을 읽다**

□ **einen Brief schreiben** [áinən brí:f ʃráibn] 아이넨 브리프 슈라이븐
편지를 쓰다

□ **schaukeln** [ʃáukln] 샤우클른 **그네를 타다**

□ **rutschen** [rútʃn] 루췬 **미끄럼틀을 타다**

Dialog

A: Hörst du nichts? (Hörst du das auch?)
회르스트 두 니히츠?(회르스트 두 다스 아우흐?)
무슨 소리 들리지 않니?

B: Was denn? Ich höre nur deine Stimme.
바스 덴? 이히 회레 누어 다이네 슈티메.
글쎄? 네 목소리밖에 안 들리는데.

A: Hör doch mal! Ich glaube, da spielt jemand mitten
in der Nacht Klavier.
회어 도흐 말! 이히 글라우베, 다 슈필트 예만트 미튼 인 데어 나흐트 클라비어.
잘 들어봐. 이 밤중에 누가 피아노를 치는 거 같은데.

B: Ach ja, das habe ich vorher auch gehört.
아흐 야, 다스 하베 이히 포어헤어 아우흐 게회르트.
아, 저 소리는 아까부터 들렸어.

43

die Körperfunktion, -en 쾨르퍼풍크치온 **생리 현상**

□ **der Seufzer,** –
[zɔýftsɐ] 조이프처 한숨

□ **seufzen** [zɔýftsn] 조이프츤
한숨 짓다

□ **der Husten,** – Sg. [húːstn] 후스튼 기침

□ **husten** [húːstn] 후스튼 기침하다
Er leidet an chronischem Husten.
에어 라이데트 안 크로니쉠 후스튼.
그는 항상 기침을 달고 산다.

□ **das Niesen** Sg. [níːzn] 니즌 재채기

□ **niesen** [níːzn] 니즌 재채기하다

□ **der Schweiß,** -e Sg. [ʃvais] 슈바이스 땀

□ **schwitzen** [ʃvítsn] 슈비츤 땀을 흘리다
Warum schwitze ich bloß so viel?
바룸 슈비체 이히 블로스 조 필?
왜 이렇게 땀이 많이 나지.

□ **der Furz,** Fürze [fʊrts] 푸르츠 방귀

□ **furzen** [fʊ́rtsn] 푸르츤
einen Furz lassen [áinən fʊrts lásn]
아이넨 후르츠 라쓴 방귀 뀌다

□ **die Träne,** -n [tréːnə] 트레네 눈물
Das Gesicht des Babys ist mit
Tränen bedeckt.
다스 게지히트 데스 베비스 이스트 미트
트레넨 베데크트.
아기 얼굴이 눈물로 얼룩져 있다.

□ **der Urin,** -e Sg. [uríːn] 우린 소변

□ **Wasser lassen** [vásɐ lásn]
바써 라쓴 소변 보다

1 인간

2 주거

3 수

4 도시

5 교통

6 업무

7 쇼핑

8 스포츠·취미

9 자연

관련 단어

☐ **atmen** [áːtmən] 아트멘 호흡하다, 숨을 쉬다

☐ **weinen** [váinən] 바이넨 울다

☐ **das Gähnen** ˢᵍ [géːnən] 게넨 하품

☐ **gähnen** [géːnən] 게넨 하품하다

☐ **sich strecken** [zɪç ʃtrékn̩] 지히 슈트레큰 기지개 펴다

☐ **der Schluckauf** ˢᵍ [ʃlókauf] 슐룩아우프 딸꾹질

☐ **einen Schluckauf haben** [áinən ʃlóklauf háːbn̩]
아이넨 슐룩아우프 하븐 딸꾹질하다

☐ **rülpsen** [rýlpsn̩] 륄프슨 (배가 불러서) 트림을 하다

☐ **die Spucke** ˢᵍ [ʃpókə] 슈푸케
der Speichel ˢᵍ [ʃpáiçl̩] 슈파이흘 침, 타액

☐ **spucken** [ʃpókn̩] 슈푸큰 침뱉다

☐ **das Exkrement, -e** ᴾˡ [ɛkskremént] 엑스크레멘트 대변

☐ **Stuhlgang haben** [ʃtúːlgaŋ háːbn̩] 슈툴강 하븐 대변 보다

☐ **der Traum, Träume** [traum] 트라움 꿈

☐ **träumen** [trɔ́ymən] 트로이멘 꿈을 꾸다

Dialog

> *A:* Gestern Nacht habe ich geträumt, dass wir uns gestritten haben.
> 게스터른 나흐트 하베 이히 게트로임트, 다스 비어 운스 게슈트리튼 하븐.
> 나 어젯밤에 너랑 싸우는 꿈 꿨어.
>
> *B:* Magst du mich denn sonst auch nicht?
> 막스트 두 미히 덴 존스트 아우흐 니히트?
> 평소에 나한테 무슨 나쁜 감정이 있었나 보지?
>
> *A:* Nun ja, es könnte sein.
> 눈 야, 에스 쾬테 자인.
> 글쎄, 혹시 그럴지도….

Charakter und Verhalten

카라터 운트 페어할튼 **성격 · 태도**

□ **sorgfältig** [zórkfɛltıç]
조륵펠티히 **주의 깊은**

□ **unvorsichtig** [únfo:ɐ̯zıçtıç]
운포어지히티히 **부주의한, 경솔한**

□ **geschwätzig** [geʃvétsıç] 게슈베치히
plauderhaft [pláudərhaft] 플라우더하프트
수다스러운

Ältere Damen sind sehr geschwätzig,
wenn sie sich treffen.
엘터레 다멘 진트 제어 게슈베치히, 벤 지 지히 트레픈.
아줌마들이 모이면 정말 수다스럽다.

□ **fleißig** [fláısıç] 플라이씨히 **부지런한**

Meine ältere Schwester ist sehr
fleißig.
마이네 엘터레 슈베스터 이스트 제어
플라이씨히.
우리 언니는 무척 부지런하다.

□ **unhöflich** [únhøflıç]
운회플리히 **무례한**

□ **geduldig** [gədúldıç]
게둘디히 **인내심이 있는**

□ **schüchtern** [ʃýçtɐn] 쉬히터른
부끄러워하는, 수줍어하는

46

관련 단어

- □ **nett** [nɛt] 네트 친절한
- □ **rein** [rain] 라인 순수한
- □ **ängstlich** [éŋstlıç] 엥스틀리히 겁이 많은
- □ **mutig** [mú:tıç] 무티히 용감한
- □ **weise** [váizə] 바이제 지혜로운
- □ **ehrlich** [é:ɐlıç] 에얼리히 정직한
- □ **faul** [faul] 파울 게으른
- □ **langweilig** [láŋvailıç] 랑바일리히 지루한
- □ **dumm** [dʊm] 둠 어리석은
- □ **bescheiden** [bəʃáidn] 베샤이든 겸손한
- □ **höflich** [hǿ:flıç] 회플리히 예의바른
- □ **großzügig** [gróstsy:gıç] 그로스취기히 관대한
- □ **sensibel** [zɛnzí:bl] 젠지블 섬세한
- □ **zuverlässig** [tsú:fɐɺɛsıç] 추페어레씨히 믿을 수 있는, 믿음직한
- □ **egoistisch** [egoístıʃ] 에고이스티쉬 이기적인
- □ **stottern** [ʃtɔ́tɐn] 슈토터른 언행이 어색하다, 말을 더듬다

2 주거
3 수
4 도시
5 교통
6 업무
7 쇼핑
8 스포츠·취미
9 자연

Dialog

A: Der Ladenbesitzer ist sehr nett.
데어 라든베지처 이스트 제어 네트.
저 가게 주인 참 친절하더라.

B: Ja, das glaube ich auch!
야, 다스 글라우베 이히 아우흐!
그래, 나도 그렇게 생각했어.

47

das Aussehen 아우스제엔 **외모**

 ↔

□ **das Gewicht** Sg.
[gəvíçt] 게비히트 **몸무게**

□ **dick** [dɪk]
딕 뚱뚱한

□ **dünn** [dyn]
뒨 여윈, 마른

 ↔

□ **die Körpergröße, -n**
[kǿrpɐgrø:sə] 쾨르퍼그뢰쎄
키, 신장

□ **groß** [gro:s]
그로스 키가 큰

□ **klein** [klain]
클라인 키가 작은

□ **schön** [ʃø:n] 쇤
아름다운, 예쁜

□ **süß** [zy:s] 쥐스 귀여운
Das Baby ist so süß!
다스 베비 이스트 조 쥐스
저 아기, 무척 귀엽네.

□ **sexy** [zéksi] 젝시 섹시한

□ **charmant** [ʃarmánt] 샤르만트
bezaubernd [bɛtsáubɐnt]
베차우버른트 매력적인

48

□ **die Glatze**, -n
[glátsə] 글라체 대머리

□ **der Bubikopf**,
-köpfe ^Sg [bú:bikɔpf]
부비코프 단발머리

□ **die Locke**, -n [lɔ́kə]
로케 곱슬머리

관련 단어

□ **die Dauerwelle**, -n [dáuɐvelə] 다우어벨레 파마머리

□ **das graue Haar**, die grauen Haare [das grauə ha:ɐ̯] 다스 그라우에 하어 흰머리

□ **das Pokerface**, -s ^Sg [pó:kɐfe:s] 포커페스 포커페이스

□ **zerstreut** [tsɛɐʃtrɔ́yt] 체어슈트로이트
geistesabwesend [gáistəsapve:znt] 가이스테스압베즌트 멍한

□ **der Augenausdruck**, -ausdrücke [áugnausdrʊk] 아우근아우스드룩 눈빛, 눈초리

□ **der Eindruck**, Eindrücke [áindrʊk] 아인드룩 인상

□ **der Gesichtsausdruck**, -ausdrücke [gəzíçtsausdrʊk] 게지히츠아우스드룩 표정

□ **eine gute Figur haben** [áinə gú:tə figú:ɐ̯ há:bn] 아이네 구테 피구어 하븐 몸매가 좋다

□ **gutaussehend** [gú:tausze:ənt] 구트아우스제엔트 멋진, 잘생긴

Dialog

A: Steht mir diese Dauerwelle?
슈테트 미어 디제 다우어벨레?
이런 스타일의 파마머리가 나한테 어울릴까?

B: Ja, ich denke schon. Sie steht dir gut.
야, 이히 뎅케 숀. 지 슈테트 디어 구트.
응, 괜찮을 거 같아.

49

das Gefühl, -e 게퓔 **감정①**

☐ **glücklich** [glýklıç] 글뤼클리히 **행복한**
Wir sind eine glückliche Familie.
비어 진트 아이네 글뤼클리헤 파밀리에.
우리는 행복한 가족이에요.

☐ **traurig** [tráurıç] 트라우리히 **슬픈**
Seien Sie nicht zu traurig, dass Sie
sich von ihm getrennt haben.
자이엔 지 니히트 추 트라우리히, 다스 지 지히 폰 임
게트렌트 하븐.
그 사람과 헤어졌다고 너무 슬퍼하지 말아요.

☐ **heiß** [hais] 하이스 **더운**
Ich habe keine Lust nach
draußen zu gehen, weil
es so heiß ist.
이히 하베 카이네 루스트 나흐
드라우쓴 추 게엔, 바일 에스 조
하이스 이스트.
더워서 밖에 나가기 싫다.

☐ **kalt** [kalt] 칼트 **추운**

☐ **Durst haben** [dʊrst háːbn] 두르스트 하븐
durstig sein [dúrstıç zain] 두르스티히 자인
목마르다

☐ **erschöpft** [ɛɐʃǽft] 에어쇠프트
녹초가 된, 기진맥진한

☐ **sich ärgern** [zıç érgɐn] 지히 에르거른 **화내다**
Ich fürchte mich, wenn der Chef sich ärgert.
이히 퓌르히테 미히, 벤 데어 셰프 지히 에르거르트.
사장님이 화내시면 정말 무서워.

☐ **müde** [mýːdə] 뮈데 **피곤한**

□ **Hunger haben** [húŋɐ háːbn] 훙어 하븐
hungrig sein [húŋriiç zain] 훙리히 자인
배고프다

□ **satt** [zat] 자트 배부른

□ **sich schämen** [zɪç ʃέːmən]
지히 쉐멘 부끄럽다, 창피하다

□ **sich erschrecken**
[zɪç εɐʃrέkn] 지히 에어슈레큰 놀라다

관련 단어

□ **interessant** [ɪntəresánt] 인터레싼트
lustig [lústɪç] 루스티히 재미있는

□ **verwirrt** [feɐvírt] 페어비르트 헷갈리는

□ **enttäuscht** [εnttɔ́yʃt] 엔트토이쉬트 실망한

□ **Angst haben** [aŋst háːbn] 앙스트 하븐 무섭다

□ **sich freuen** [zɪç fróyən] 지히 프로이엔 기쁘다

□ **einsam** [áinzaːm] 아인잠 쓸쓸한, 외로운

□ **schläfrig** [ʃléːfrɪç] 슐레프리히 졸린

Dialog

A: **Du siehst sehr müde aus.**
두 지스트 제어 뮈데 아우스.
너 피곤해 보이는데.

B: **Ich habe die ganze Nacht für die Prüfung gelernt.**
이히 하베 디 간체 나흐트 퓌어 디 프뤼풍 게레른트.
시험 공부하느라 밤샜거든요.

1 인간
2 추가
3 수
4 도시
5 교통
6 업무
7 쇼핑
8 스포츠·취미
9 자연

das Gefühl, -e 게퓔 **감정②**

□ die Weisheit Sg. [váishait]
바이스하이트 **지혜**

□ der Mut Sg. [mu:t] 무트 **용기**

□ mutig [mú:tiç] 무티히 **용기 있는**

□ weise [váizə] 바이제 **지혜로운**
Er ist sehr weise.
에어 이스트 제어 바이제.
그는 지혜로운 사람이다.

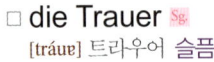
□ die Trauer Sg.
[tráuɐ] 트라우어 **슬픔**

□ die Freude, -n
[frɔ́ydə] 프로이데 **즐거움**

□ froh [fro:] 프로 **즐거운**

□ die Angst, Ängste
[aŋst] 앙스트 **두려움**
Hab keine Angst!
합 카이네 앙스트!
두려움을 버려라!

□ der Schmerz, -en
[ʃmerts] 슈메르츠 **아픔**

□ Schmerzen haben
[ʃmertsn há:bn] 슈메르츤 하븐
아프다

□ die Liebe Sg. [lí:bə] 리베 **사랑**
Ihre Liebe ist sehr schön.
이레 리베 이스트 제어 쇤.
그들의 사랑은 아름답다.

□ die Verzweifelung Sg.
[fɛɐ̯tsváifluŋ] 페어츠바이플룽 **절망**

□ verzweifelt [fɛɐ̯tsváiflt]
페어츠바이플트 **절망적인**

□ **die Verführung**, -en
[fɛɐ̯fýːrʊŋ] 페어퓌룽 **유혹**

□ **die Freiheit** Sg.
[fráihait] 프라이하이트 **자유**

□ **frei** [frai] 프라이 **자유로운**

관련 단어

- □ **hoffen** [hɔ́fn] 호픈 희망하다
- □ **bewundern** [bəvʊ́ndɐn] 베분더른 감탄하다
- □ **nett** [nɛt] 네트 친절한
- □ **danken** [dáŋkn] 당큰 감사하다
- □ **wahr** [vaːɐ̯] 바르 진실한
- □ **ehrlich** [éːɐ̯lɪç] 에얼리히 정직한
- □ **ideal** [ideáːl] 이데알 이상적인
- □ **zufrieden** [tsufríːdn] 추프리든 만족스러운
- □ **friedlich** [fríːtlɪç] 프리틀리히 평화로운, 평온한
- □ **unruhig** [ʊ́nruːɪç] 운루이히 불안한, 걱정스러운
- □ **bereuen** [bərɔ́yən] 베로이엔 후회하다
- □ **hassen** [hásn] 하쓴 증오하다, 싫어하다

Dialog

A: Lern lieber jetzt fleißig, damit du es später nicht bereust.
레른 리버 예츠트 플라이씨히, 다미트 두 에스 슈페터 니히트 베로이스트.
너 나중에 후회하지 말고, 지금 열심히 공부해라.

B: Ich hasse es, wenn du jeden Tag zu mir sagst, dass ich fleißig lernen soll.
이히 하쎄 에스, 벤 두 예덴 탁 추 미어 작스트, 다스 이히 플라이씨히 레르넨 졸.
매일 공부하라는 소리, 정말 싫어요!

53

1 다음 인체 부위의 이름을 독일어로 써보세요.

a) 눈 코 입 귀 혀　　　　b) 어깨 팔 손가락 다리 무릎

2 다음 단어의 뜻을 써보세요.

Leber _____　　　Blut _____

Knochen _____　　　Muskel _____

Zelle _____　　　Herz _____

3 다음 빈칸에 알맞은 독일어를 써넣어 보세요.

a) 나는 한 자매와 두 형제가 있다.

Ich habe eine _____ und zwei _____.

b) 사위란 내 딸의 남편을 말한다.

_____ ist _____ meiner Tochter.

c) 내가 어린 시절에 in meiner _____

d) 신랑과 신부 _____ und _____

e) 인생은 아름다워. _____ ist schön.

f) 탄생과 죽음 _____ und _____

g) 삼각 관계 _____

h) 당신과 결혼하고 싶어요. Ich möchte Sie _____ .

4 다음 단어의 뜻을 써보세요.

aufstehen _____

fernsehen _____

schlafen gehen _____

Musik hören _____

5 다음 그림과 단어를 연결해 보세요.

husten   schwitzen   seufzen   Wasser lassen   die Träne

6 다음 빈칸에 알맞은 독일어를 써넣어 보세요.

a) 그는 경솔해요. Er ist _____ .

b) 이기적인 여자 _____ e Frau

c) 예의바른 _____

7 다음을 해석해 보세요.

der große Junge _____

das süße Mädchen _____

Glatze _____

8 다음 빈칸에 알맞은 독일어를 써넣어 보세요.

a) 나는 무척 목이 마릅니다. Ich bin so _____.

b) 슬픈 영화 der _____ e Film

c) 그는 재미있는 사람이다. Er ist ein _____ er Mann.

d) 당신의 친절에 감사드립니다.

Ich _____ Ihnen für Ihre Freundlichkeit.

e) 자유과 평화 _____ und Frieden

1 a) Auge　Nase　Mund　Ohr　Zunge
　　b) Schulter　Arm　Finger　Bein　Knie
2 간　혈액　뼈　근육　세포　심장
3 a) Schwester, Brüder　b) Der Schwiegersohn, der Mann　c) Kindheit
　　d) Bräutigam, Braut　e) Das Leben　f) Geburt, Tod　g) Dreiecksbeziehung
　　h) heiraten
4 일어나다　텔레비전을 보다　잠자리에 들다　음악을 듣다
5 한숨 짓다 – seufzen　기침하다 – husten　땀을 흘리다 – schwitzen
　　눈물 – die Träne　소변 보다 – Wasser lassen
6 a) unvorsichtig　b) egoistisch　c) höflich
7 키가 큰 소년　귀여운 소녀　대머리
8 a) durstig　b) traurig　c) interessant　d) danke　e) Freiheit

Theme 2

→ Wohnen 보넨 주거

1 인간
2 주거
3 수
4 도시
5 교통
6 업무
7 쇼핑
8 스포츠·취미
9 자연

die Wohnung, -en 보눙 집

□ **das Hochhaus,** -häuser
[hóːxhaus] 호흐하우스
아파트, 고층빌딩

□ **das Haus,** Häuser [haus]
하우스 주택

Was für ein schönes Haus!
바스 퓌어 아인 쇠네스 하우스!
참 멋진 주택이군요!

□ **der Vermieter,** – [feɐ̯míːtɐ] 페어미터 집주인
Zum Glück habe ich dieses Mal einen guten
Vermieter bekommen.
춤 글뤽 하베 이히 디제스 말 아이넨 구튼 페어미터 베코멘.
이번엔 좋은 집주인을 만나서 다행이야.

□ **der Mieter,** –
[míːtɐ] 미터 세입자

□ **die Miete,** -n [míːtə] 미테 집세
Wie hoch ist die Miete?
비 호흐 이스트 디 미테?
집세는 얼마예요?

□ **vermieten** [feɐ̯míːtn] 페어미튼
임대하다

1 인간

2 주거

3 수

4 도시

5 교통

6 업무

7 쇼핑

8 스포츠·취미

9 자연

관련 단어

□ **der Wohnort**, -e [vóːnɔrt] 본오르트 거주지

□ **die Adresse**, -n [adrésə] 아드레쎄 주소

□ **der Umzug**, -züge [úmtsuːk] 움축 이사

□ **die Immobilienfirma**, -firmen [ɪmobíːliənfɪrma] 이모빌리엔피르마 부동산

□ **die Kaution**, -en [kautsíoːn] 카우치온 보증금

□ **der Umbau**, -e, -ten [úmbau] 움바우 개축, 재건

□ **um l bauen** [úmbauən] 움바우엔 개축[재건]하다

□ **das Herrenhaus**, -häuser [hérənhaus] 헤렌하우스 저택

□ **die Wasserversorgung**, -en ˢᵍ [vásɐfɛɐzɔrgʊŋ] 바써페어조르궁 상수도

□ **das Abwasser**, -wässer [ápvasɐ] 압바써 하수도

□ **der Strom** ˢᵍ [ʃtróːm] 슈트롬 전기

□ **Wasser und Strom** [vásɐ ʊnt ʃtróːm] 바써 운트 슈트롬 수도와 전기

□ **das Gas** ˢᵍ [gaːs] 가스 가스

Dialog

A: Wann ist die Wohnung umgebaut worden?
반 이스트 디 보눙 움게바우트 보르든?
이 집은 언제 개축한 거예요?

B: Die Wohnung ist sofort umgebaut worden, als der Vermieter letztes Jahr ausgezogen ist.
디 보눙 이스트 조포르트 움게바우트 보르든, 알스 데어 페어미터 레츠테스 야르 아우스게초근 이스트.
작년에 집주인이 이사 가고 나서 바로 고쳤어요.

der Außenbereich eines Hauses

데어 아우쓴베라이히 아이네스 하우제스 **주택 외부**

❶ das Dach, Dächer [dax] 다흐 지붕

❷ das Fenster, – [fénstɐ] 펜스터 창문

❸ die Wand, Wände [vant] 반트 벽

❹ der Hausflur, -e [hausfluːɐ] 하우스플루어 현관

❺ die Tür, -en [tyːɐ] 튀어 문

❻ die Klingel, -n [klíŋl] 클링을 초인종

❼ der Rasen, – [ráːzn] 라즌 잔디

❽ der Briefkasten, -kästen [bríːfkastn] 브리프카스튼 우편함

1 인간

2 주거

3 수

4 도시

5 교통

6 업무

7 쇼핑

8 스포츠·취미

9 자연

❾ der Keller, – [kélɐ] 켈러 지하실

❿ die Garage, -n [gará:ʒə] 가라제 차고

관련 단어

☐ der Zaun, Zäune [tsaun] 차운 울타리, 담장

☐ das Türschild, -er [tý:ɐʃɪlt] 튀어쉴트 문패

☐ der Vorgarten, -gärten [fó:ɐɡartn] 포어가르튼 앞마당

☐ der Garten, Gärten [ɡártn] 가르튼 정원

☐ der Balkon, -e [balkón, balkóŋ] 발콘, 발콩 발코니

☐ die Veranda, Veranden [veránda] 베란다 베란다

☐ der Abstellraum, -räume [ápʃtɛlraum] 압슈텔라움 창고

☐ die Treppe, -n [trépə] 트레페 계단

Dialog

A: Es hat geklingelt. Mach bitte auf!
에스 하트 게클링엘트. 마흐 비테 아우프!
초인종 소리가 나는데, 좀 나가 봐!

B: Mach doch selbst auf!
마흐 도흐 젤프스트 아우프!
싫어, 네가 나가 봐!

A: Ich spüle gerade das Geschirr ab.
이히 슈륄레 게라데 다스 게쉬어 압.
난 지금 설거지하고 있잖아.

das Wohnzimmer, – 본치머 **거실**

❶ die Gardine, -n [gardí:nə] 가르디네 **커튼**

❷ der Ventilator, -en [vɛntilá:toːɐ̯] 벤틸라토어 **선풍기**

❸ der Staubsauger, – [ʃtáupzaugɐ̯] 슈타웁자우거 **진공청소기**

❹ der Tisch, -e [tɪʃ] 티쉬 **탁자, 테이블**

❺ das Sofa, -s [zó:fa] 조파 **소파**

❻ der Teppich, -e [tépɪç] 테피히 **카펫, 양탄자**

❼ der Fußboden, -böden [fú:sbo:dn] 푸스보든 **마루**

❽ der Mülleimer, – [mýlaimɐ̯] 뮐아이머 **쓰레기통**

62

□ der Fernseher, –
[férnze:ɐ] 페른제어 **텔레비전**

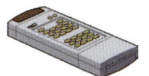

□ die Fernbedienung, -en
[férnbədi:nʊŋ] 페른베디눙 **리모컨**

Diese Fernbedienung funktioniert
nicht gut.
디제 페른베디눙 풍크치오니어트 니히트 구트.
이 리모컨이 잘 작동되지 않는다.

□ das Foto, -s [fó:to] 포토 **사진**

□ die Wanduhr, -en
[vántu:ɐ] 반트우어 **벽시계**

관련 단어

□ die Zimmerdecke, -n [tsímɐdɛkə] 치머데케 **천장**

□ die Lampe, -n [lámpə] 람페 **전등**

□ der Kronleuchter, – [kró:nlɔʏçtɐ] 크론로이히터 **샹들리에**

□ die Säule, -n [zɔʏlə] 조일레 **기둥**

□ der Sessel, – [zésl] 제쓸 **안락의자**

□ das Bücherregal, -e [bý:çɐrega:l] 뷔허레갈 **책장**

□ das Bild, -er [bɪlt] 빌트 **그림**

□ die (Fuß)matte, -n [(fú:s)mátə] (푸스)마테 **깔개, 매트**

Dialog

A: Wer ist die junge Dame auf dem Foto?
베어 이스트 디 융에 다메 아우프 뎀 포토?
사진 속의 이 젊은 여자분은 누구야?

B: Das ist meine Mutter vor 20 Jahren.
다스 이스트 마이네 무터 포어 츠반치히 야렌.
20년 전의 우리 엄마야.

die Küche, -n 퀴헤 **주방**

□ **die Spüle**, -n
[ʃpýːlə] 슈퓔레 **싱크대**

□ **der Kühlschrank**, -schränke
[kýːlʃraŋk] 퀼슈랑크 **냉장고**

□ **der Küchenschrank**,
-schränke [kýçənʃraŋk]
퀴헨슈랑크 **찬장**

□ **der Reiskocher**, –
[ráiskɔxɐ] 라이스코허 **전기밥솥**

□ **die Kanne**, -n
[kánə] 카네 **주전자**

□ **die Pfanne**, -n [pfánə]
파네 **프라이팬**

□ **der Topf**, Töpfe
[tɔpf] 토프 **냄비**

□ **der Toaster**, – [tóːstɐ] 토스터 **토스터**
Lass uns eine Scheibe Brot im Toaster
toasten und dazu Kaffee trinken!
라스 운스 아이네 샤이베 브로트 임 토스터 토스튼 운트
다추 카페 트링큰!
토스터에 빵을 구워 커피랑 먹자.

□ **die Mikrowelle**, -n
[míːkrowelə] 미크로벨레
전자레인지

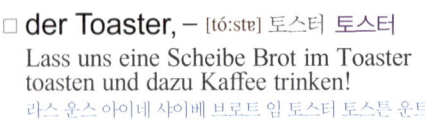

64

□ **das Geschirr**, Sg
[ɡəʃír] 게쉬어 그릇

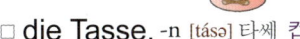

□ **die Tasse**, -n [tásə] 타쎄 컵

□ **das Glas**, Gläser [glaːs] 글라스 유리잔
Wenn ich eine schöne Tasse sehe,
möchte ich sie sofort kaufen.
벤 이히 아이네 쇠네 타쎄 제에, 뫼히테 이히 지
조포르트 카우픈.
나는 예쁜 컵만 보면 사고 싶다.

□ **der Teller**, –
[télɐ] 텔러 접시

□ **der Schöpflöffel**, –
[ʃǿpflœfl] 쇠프뢰플 국자

□ **das Schneidemesser**, –
[ʃnáidəmesɐ] 슈나이데메써 식칼

□ **das Schneidebrett**, -er
[ʃnáidəbret] 슈나이데브레트 도마

관련 단어

□ **die (Geschirr)spülmaschine**, -n [(ɡəʃír)ʃpýːlmaʃiːnə]
(게쉬어)슈퓔마쉬네 식기 세척기

□ **der Backofen**, -öfen [báko:fn] 박오픈 오븐

□ **der Spüllappen**, – [ʃpýːllapn] 슈퓔라픈 행주

□ **das Eßstäbchen**, – [ésʃteːpçən] 에스슈텝헨 젓가락

□ **das Messer**, – [mésɐ] 메써 나이프

□ **die Gabel**, -n [gáːbl] 가블 포크

□ **der Löffel**, – [lœfl] 뢰플 숟가락

Dialog

A: Kannst du bitte mit dem Spüllappen den Tisch
abwischen?
칸스트 두 비테 미트 댐 슈퓔라픈 덴 티쉬 압비쉔?
행주로 식탁 좀 닦아줄래?

B: Ich habe den Tisch schon abgewischt. Ich decke
jetzt den Tisch.
이히 하베 덴 티쉬 숀 압게비쉬트. 이히 데케 예츠트 덴 티쉬.
벌써 닦았어요. 지금 숟가락 놓고 있잖아요.

65

1 인간
2 주거
3 수
4 도시
5 교통
6 업무
7 쇼핑
8 스포츠·취미
9 자연

das Badezimmer, – 바데치머 **욕실**

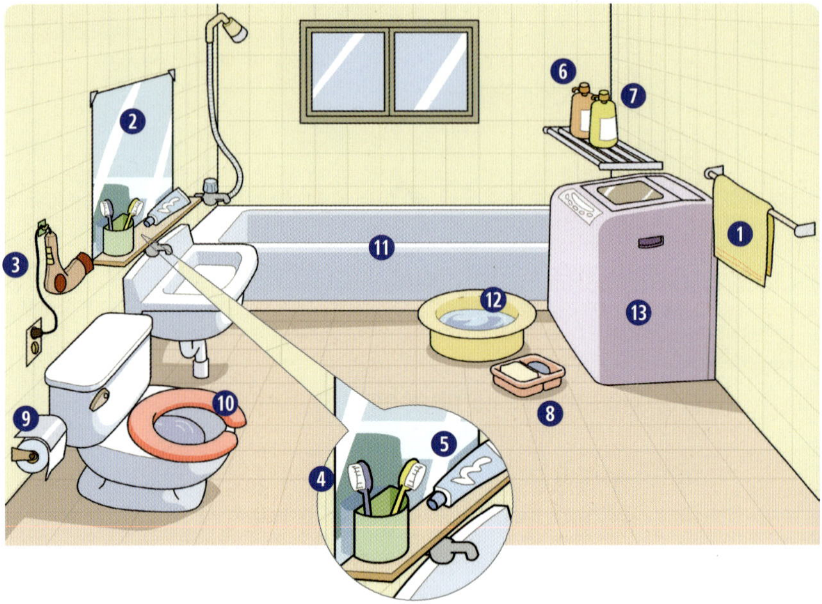

1. **das Handtuch**, -tücher [hánttu:x] 한트투흐 수건
2. **der Spiegel**, – [ʃpí:gl] 슈피글 거울
3. **der Föhn**, -e [føːn] 푄 헤어드라이어
4. **die Zahnbürste**, -n [tsá:nbʏrstə] 찬뷔르스테 칫솔
5. **die Zahnpasta**, -pasten [tsá:npasta] 찬파스타 치약
6. **das Shampoo**, -s [ʃámpu, ʃampú] 샴푸 샴푸
7. **die Spülung**, -en [ʃpý:lʊŋ] 슈퓔룽 린스
8. **die Seife**, -n [záifə] 자이페 비누
9. **das Toilettenpapier**, -e [toalétnpapi:ɐ̯] 토알레튼파피어 화장지

66

❿ **das WC (Wasserklosett)** Sg. [ve:tsé:] 베체

die Toilette, -n [toalétə] 토알레테 변기

⓫ **die Badewanne,** -n [bá:dəvanə] 바데바네 욕조

⓬ **das Waschbecken,** – [váʃbɛkn] 바쉬베큰 세숫대야, 세면기

⓭ **die Waschmaschine,** -n [váʃmaʃi:nə] 바쉬마쉬네 세탁기

관련 단어

- □ **der Bademantel,** -mäntel [bá:dəmantl] 바데만틀 목욕 가운
- □ **das Badewasser** Sg. [bá:dəvasɐ] 바데바써 목욕물
- □ **sich die Haare waschen** [zɪç di: há:rə váʃn] 지히 디 하레 바쉰 머리를 감다
- □ **die Wäsche,** – Sg. [véʃə] 베쉐 세탁물
- □ **das Waschmittel,** – [vɪáʃmɪtl] 바쉬미틀 세제
- □ **der Weichspüler,** – [váiçʃpy:lɐ] 바이히슈퓔러 섬유 유연제
- □ **der Schaum,** Schäume Sg. [ʃaum] 샤움 거품
- □ **die Wäscheklammer,** -n [véʃəklamɐ] 베쉐클라머 빨래집게
- □ **die Dusche,** -n [dúʃə] 두쉐 샤워기
- □ **der Wasserhahn,** -hähne [vásɐha:n] 바써한 수도꼭지
- □ **das Überlaufventil,** -e [ý:bɐlaufvɛnti:l] 위버라우프벤틸 배수구

Dialog

A: Mama, das Shampoo ist leer.
마마, 다스 샴푸 이스트 레어.
엄마, 샴푸가 다 떨어졌어요.

B: Echt? Ich habe es erst vor kurzem gekauft.
에히트? 이히 하베 에스 에르스트 포어 쿠르쳄 게카우프트.
그래? 새로 산 지 얼마 안 된 거 같은데.

das Schlafzimmer, – 슐라프치머 **침실**

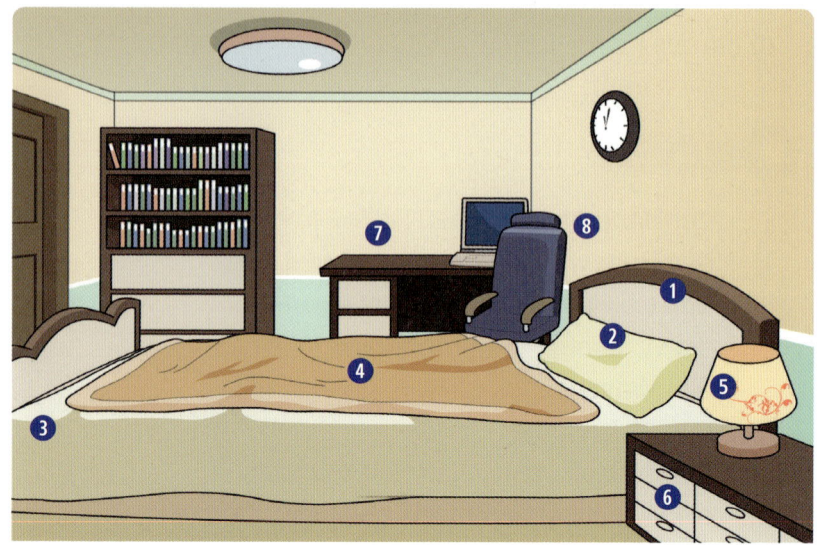

❶ **das Bett**, -en [bɛt] 베트 침대

❷ **das Kissen**, – [kísn] 키쓴 베개

   der Kissenbezug, -bezüge [kísnbətsuːk] 키쓴베축 베개 커버

❸ **der Bettbezug**, -bezüge [bétbətsuːk] 베트베축 침대보

❹ **die Bettdecke**, -n [bétdɛkə] 베트데케 이불

   die Wolldecke, -n [vóldɛkə] 볼데케 담요, 모포

❺ **die Nachttischlampe**, -n [náːxttɪʃlampə] 나흐트티쉬람페 스탠드

❻ **der Nachttisch**, -e [náːxttɪʃ] 나흐트티쉬 침대 옆 탁자

❼ **der Tisch**, -e [tɪʃ] 티쉬 책상

❽ **der Stuhl**, Stühle [ʃtuːl] 슈툴 의자

1 인간

2 주거

3 수

4 도시

5 교통

6 업무

7 쇼핑

8 스포츠·취미

9 자연

관련 단어

□ **der Wecker,** – [vékɐ] 베커 알람시계

□ **der Luftbefeuchter,** – [lúftbəfɔyçtɐ] 루프트베포이히터 가습기

□ **der Kleiderschrank,** -schränke [kláidɐʃraŋk] 클라이더슈랑크 옷장

□ **die Frisierkommode,** -n [frizí:ɐkɔmo:də] 프리지어코모데 화장대, 경대

□ **die Schublade,** -n [ʃú:pla:də] 슈라데 서랍

□ **das Einzelbett,** -en [áintslbɛt] 아인츨베트 싱글베드, 1인용 침대

□ **das Doppelbett,** -en [dɔ́plbɛt] 도플베트 더블베드, 2인용 침대

□ **das Stockbett,** -en [ʃtɔ́kbɛt] 슈톡베트 2층 침대

Dialog

A: Das Zimmer ist sehr schmutzig!
다스 치머 이스트 제어 슈무치히!
방이 엄청 더럽다!

B: Ich weiss. Aber ich habe keine Zeit, aufzuräumen.
이히 바이스. 아버 이히 하베 카이네 차이트, 아우프추로이멘.
알고 있어. 그런데 치울 시간이 없네.

A: Dann helfe ich dir.
단 헬페 이히 디어.
그럼 내가 도와줄게.

B: Danke.
당케
고마워.

das Kinderzimmer, – 킨더치머 아기 방

□ **das Spielzeug,** -e [ʃpíːltsɔyk]
슈필초이크 **장난감**

Das Baby hat heute mit dem
Spielzeug vergnügt gespielt.
다스 베비 하트 호이테 미트 뎀 슈필초이크
페어그뉙트 게슈필트.
오늘은 장난감을 가지고 잘 놀았어요.

□ **das Töpfchen,** – [tœpfçən]
퇴프헨 **유아용 변기**

Es ist Zeit geworden, auf das
Töpfchen zu gehen.
에스 이스트 차이트 게보르든, 아우프 다스
퇴프헨 추 게엔.
이제 유아용 변기를 사용할 때가 되었어요.

□ **der Kuschelbär,** -en [kúʃəlbɛːɐ̯]
쿠쉘베어 **곰인형**

Mein Baby mag den Kuschelbärn
am liebsten.
마인 베비 막 덴 쿠쉘베른 암 립스튼.
곰인형은 우리 아기가 가장 좋아한다.

□ **die Wiege,** -n [víːgə] 비게 **요람**
Das Baby schläft in der Wiege.
다스 베비 슐레프트 인 데어 비게.
아기가 요람에서 자고 있다.

□ **der Laufstuhl,** -stühle
[láufʃtuːl] 라우프슈툴 **보행기**

1 인간

2 주거

3 수

4 도시

5 교통

6 업무

7 쇼핑

8 스포츠·취미

9 자연

관련 단어

□ **das Kinderbett,** -en [kíndɐbɛt] 킨더베트 유아용 침대

□ **der Kinderkleiderschrank,** -schränke [kíndɐklaidɐʃraŋk]
킨더클라이더슈랑크 아기 옷장

□ **der Kinderstuhl,** -stühle [kíndɐʃtuːl] 킨더슈툴 유아 의자

□ **der Kinderwagen,** − [kíndɐvaːgn] 킨더바근 유모차

□ **die Spielzeugkiste,** -n [ʃpíːltsɔykkɪstə] 슈필초익키스테 장난감 상자

□ **das Lätzchen,** − [létsçən] 레츠헨 턱받이

□ **die Windel,** -n [víndl] 빈들 기저귀

□ **der Strampelanzug,** -anzüge [ʃtrámplantsuːk] 슈트람플안축 멜빵바지

Dialog

A: Ich möchte einen Kinderwagen kaufen.
이히 뫼히테 아이넨 킨더바근 카우픈.
유모차를 사려고 하는데요.

B: Ach so. Wie finden Sie den hier?
아흐 소. 비 핀든 지 덴 히어?
그러세요? 이거 어떠세요?

A: Ja, der gefällt mir. Und der Preis?
야, 데어 게펠트 미어. 운트 데어 프라이스?
음, 마음에 드네요. 그런데 가격은요?

Werkzeug und Gemischtwaren

베르크초이크 운트 게미쉬트바른 공구·잡화

□ der Schraubenzieher, –
[ʃráubntsi:ɐ] 슈라우븐치어 드라이버

□ die elektrische Säge,
die elektrischen Sägen
[di: eléktrɪʃə zé:gə] 디 엘렉트리쉐 제게
전기톱

□ die Schere, -n
[ʃé:rə] 쉐레 가위

□ die Säge, -n
[zé:gə] 제게 톱

□ die Kombinationszange, -n
[kɔmbinatsío:nstsaŋə] 콤비나치온스창에
펜치

□ der Nagel, Nägel [ná:gl]
나글 못

Er hat mit dem Hammer
einen Nagel in die Wand
geschlagen.
에어 하트 미트 뎀 하머 아이넨 나글
인 디 반트 게슐라근.
그는 벽에 망치로 못을 박았다.

□ die Axt, Äxte
[akst] 악스트 도끼

□ der Hammer,
Hämmer [hámɐ]
하머 망치

□ die Leiter, -n
[láitɐ] 라이터 사다리

□ der Spaten, – [ʃpá:tn] 슈파튼
die Schaufel, -n [ʃáufl] 샤우플 삽

□ die Kehrichtschaufel, -n
[ké:rıçtʃáufl] 케리히트샤우플 **쓰레받기**

Ich habe mit dem Besen den Schmutz
auf die Kehrichtschaufel gekehrt.
이히 하베 미트 뎀 베즌 덴 슈무츠 아우프 디
케리히트샤우플 게케르트.
쓰레받기에 빗자루로 쓰레기를 쓸어 담았다.

□ der Besen , –
[bé:zn] 베즌 **빗자루**

1 인간

2 주거

3 수

4 도시

5 교통

6 업무

7 쇼핑

8 스포츠 · 취미

9 자연

🔘 관련 단어

□ der Kreuzschraubenzieher, – [króytsʃraubntsi:ɐ] 크로이츠슈라우븐치어
십자 드라이버

□ die Feile, -n [fáilə] 파일레 **줄칼**

□ das Maßband, -bänder [má:sbant] 마스반트 **줄자**

□ der Draht, Drähte [dra:t] 드라트 **철사**

□ die Spitzhacke, -n [ʃpítshakə] 슈피츠하케 **곡괭이**

□ der Leim, -e [Sg] [laim] 라임 **아교풀**

□ der Klebstoff, -e [klé:pʃtɔf] 클렙슈토프 **접착제**

□ der Plastikbeutel, – [plástıkbɔytl] 플라스틱보이틀 **비닐 봉지**

□ die Steckdose, -n [ʃtékdo:zə] 슈텍도제 **콘센트**

□ der Stecker, – [ʃtékɐ] 슈테커 **플러그**

□ der Kleiderständer, – [kláidɐʃtendɐ] 클라이더슈텐더 **옷걸이**

□ der Eimer, – [áimɐ] 아이머 **양동이**

□ der Faden, Fäden [fá:dn] 파든 **실**

□ die Nadel, -n [ná:dl] 나들 **바늘**

□ der Putzlappen, – [pútslapn] 푸츠라픈 **걸레**

1 다음 빈칸에 알맞은 독일어를 써넣고, 독일어는 해석해 보세요.

a) 나는 아파트에 삽니다.

Ich wohne im _____ .

b) 단독주택 _____

c) Miete _____   Vermieter _____

Mieter _____

2 다음 단어를 독일어 혹은 우리말로 고쳐 보세요.

a) 지붕 _____   앞마당 _____

다락 _____   정원 _____

잔디 _____

b) Zimmerdecke _____   Sessel _____

Fußboden _____   Ventilator _____

Bild _____

c) Spiegel _____   Seife _____

Badewanne _____   Zahnpasta _____

Handtuch _____

d) 침대 _____   베개 _____

옷장 _____   서랍 _____

화장대 _____

3 다음 그림과 단어를 연결해 보세요.

Mikrowelle　　Kanne　　Schöpflöffel　　Geschirr　　Küchen-schrank

4 다음 보기에서 단어를 골라 빈칸에 써넣어 보세요.

a) Wiege　Kuschelbär　Lätzchen　Spielzeug
b) Hammer　Säge　Nagel　Leiter

a) 턱받이 _____　　요람 _____　　장난감 _____

곰인형 _____

b) 톱 _____　　망치 _____　　못 _____

사다리 _____

---

1 a) Hochhaus　b) Haus　c) 집세, 집주인, 세입자

2 a) Dach　Vorgarten　Dachboden　Garten　Rasen
b) 천장　안락의자　마루　선풍기　그림
c) 거울　비누　욕조　치약　수건
d) Bett　Kissen　Kleiderschrank　Schublade　Frisierkommode

3 전자레인지 – Mikrowelle　　주전자 – Kanne　　찬장 – Küchenschrank
국자 – Schöpflöffel　　그릇 – Geschirr

4 a) Lätzchen　Wiege　Spielzeug　Kuschelbär
b) Säge　Hammer　Nagel　Leiter

THEMATIC GERMAN WORDS

Theme ③

→ Zahl 찰 수

1 인간
2 주거
3 수
4 도시
5 교통
6 업무
7 쇼핑
8 스포츠·취미
9 자연

die Kardinalzahl, -en 카르디날찰 기수

☐ 0 null [nʊl] 눌

☐ 1 eins [ains] 아인스

☐ 2 zwei [tsvai] 츠바이

☐ 3 drei [drai] 드라이

☐ 4 vier [fiːɐ̯] 피어

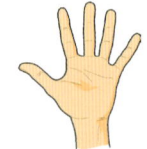

☐ 5 fünf [fʏnf] 퓐프

☐ 6 sechs [zɛks] 젝스

☐ 7 sieben [zíːbn] 지븐

☐ 8 acht [axt] 아흐트

☐ 9 neun [nɔyn] 노인

☐ 10 zehn [tseːn] 첸

□ 11 **elf** [ɛlf] 엘프

□ 16 **sechzehn** [zéçtse:n] 제히첸

□ 12 **zwölf** [tsvœlf] 츠뵐프

□ 17 **siebzehn** [zí:ptse:n] 집첸

□ 13 **dreizehn** [dráitse:n] 드라이첸

□ 18 **achtzehn** [áxtse:n] 아흐첸

□ 14 **vierzehn** [fí:ɐtse:n] 피어첸

□ 19 **neunzehn** [nóyntse:n] 노인첸

□ 15 **fünfzehn** [fýnftse:n] 퓐프첸

□ 20 **zwanzig** [tsvántsıç] 츠반치히

□ 60 **sechzig** [zéçtsıç] 제히치히

□ 30 **dreißig** [dráisıç] 드라이씨히

□ 70 **siebzig** [zí:ptsıç] 집치히

□ 40 **vierzig** [fí:ɐtsıç] 피어치히

□ 80 **achtzig** [áxtsıç] 아흐치히

□ 50 **fünfzig** [fýnftsıç] 퓐프치히

□ 90 **neunzig** [nóyntsıç] 노인치히

□ 100 **(ein)hundert** [(áin) húndɐt] (아인)훈더르트

□ 1.000 **(ein)tausend** [(áin) táuznt] (아인)타우즌트

□ 10.000 **zehntausend** [tsé:ntauznt] 첸타우즌트 (1만)

□ 100.000 **hunderttausend** [húndɐttauznt] 훈더르트타우즌트 (10만)

□ 1.000.000 **eine Million** [áinə mılió:n] 아이네 밀리온 (백만)

□ 10.000.000 **zehn Millionen** [tsé:n mılió:nən] 첸 밀리오넨 (천만)

□ 0,3 **null Komma drei** [nʊl kɔ́ma drai] 눌 코마 드라이

□ 1/2 **ein Halb** [ain halp] 아인 할프

□ 1/3 **ein Drittel** [ain drítl] 아인 드리틀

□ 1/4 **ein Viertel** [ain fírtl] 아인 피어틀

□ 1/5 **ein Fünftel** [ain fýnftl] 아인 퓐프틀

□ 70% **siebzig Prozent** [zí:ptsıç protsént] 집치히 프로첸트

1 인간

2 주거

3 수

4 도시

5 교통

6 업무

7 쇼핑

8 스포츠·취미

9 지역

관련 단어

□ **die ungerade Zahl,** die ungeraden Zahlen [di: úngərɑ:də tsa:l]
   디 운게라데 찰 **홀수**

□ **die gerade Zahl,** die geraden Zahlen [di: gərá:də tsa:l]
   디 게라데 찰 **짝수**

□ **die Kardinalzahl,** -en [kardiná:ltsa:l] 카르디날찰 **기수**

□ **die Ordinalzahl,** -en [ɔrdiná:ltsa:l] 오르디날찰 **서수**

□ **der Bruch,** Brüche [brʊx] 브루흐 **분수**

□ **größer als** [grÓː sɐ als] 그뢰써 알스 **~보다 크다**

□ **kleiner als** [klainɐ als] 클라이너 알스 **~보다 작다**

□ **gleich wie** [glaiç vi:] 글라히 비 **~와 같다**

□ **nicht gleich wie** [nɪçt glaiç vi:] 니히트 글라히 비 **~와 같지 않다**

□ **zählen** [tsé:lən] 첼렌 **세다**

□ **rechnen** [réçnən] 레히넨 **계산하다**

□ **doppelt** [dÓplt] 도플트
   zweifach [tsváifax] 츠바이파흐 **두 배**

□ **der Durchschnitt,** -e [dÓrçʃnɪt] 두르히슈니트 **평균**

Dialog

A: **Kannst du mir deine Telefonnummer geben?**
   칸스트 두 미어 다이네 텔레폰누머 게븐?
   네 전화번호 좀 가르쳐 줄래?

B: **Ja. Meine Telefonnummer ist 0982-250-463.**
   야. 마이네 텔레폰누머 이스트 눌노인아흐트츠바이 츠바이퓐프눌 피어젝스드라이.
   응, 0982-250-463이야.

Dialog

1 인간

2 주거

3 수

4 도시

5 교통

6 업무

7 쇼핑

8 스포츠·취미

9 자연

A: Hat der Krake acht Beine?

하트 데어 크라케 아흐트 바이네?

문어 다리가 여덟 개니?

B: Jetzt wo du fragst, bin ich auch ein wenig verwirrt. Hat der Krake nicht neun Beine?

에츠트 보 두 프락스트, 빈 이히 아우흐 아인 베니히 페어비르트. 하트 데어 크라케 니히트 노인 바이네?

갑자기 물으니까 나도 헛갈리는데. 아홉 개 아니야?

A: Lass den Blödsinn! Er hat acht Beine, oder?

라스 덴 블뢰트진! 에어 하트 아흐트 바이네, 오더?

장난하지 마, 여덟 개인 거 맞지?

A: Mist! Ich habe keinen Bleistift. Kannst du mir bitte einen leihen?

미스트! 이히 하베 카이넨 블라이슈티프트. 칸스트 두 미어 비테 아이넨 라이엔?

이런, 연필이 한 자루도 없네. 좀 빌려줄 수 있니?

B: Ja, natürlich. Ich habe drei Bleistifte. Hier, bitte.

야, 나튀얼리히. 이히 하베 드라이 블라이슈티프테. 히어, 비테.

그럼 물론이지. 난 세 자루나 있거든. 자, 여기 있어.

das Rechnen 레히넨 **계산**

□ **die Breite**, -n
[bráitə] 브라이테
가로

□ **die Länge**, -n
[léŋə] 렝에 세로, 길이

□ **der Abstand**, Abstände
[ápʃtant] 압슈탄트 거리

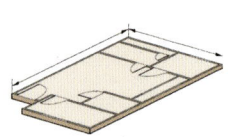

□ **die Fläche**, -n
[fléçə] 플레헤 넓이, 면적

□ **die Tiefe**, -n
[tí:fə] 티페 깊이

□ **die Höhe**, -n
[hǿ:ə] 회에 높이

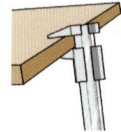

□ **das Gewicht**, -e
[gəvíçt] 게비히트 무게

□ **die Dichte**, -n
[díçtə] 디히테 두께

□ **das Volumen**, – , Volumina
[volú:mən] 볼루멘 부피

□ **die Geschwindigkeit**, -en
[gəʃvíndıçkait] 게슈빈디히카이트 속도

1 인간

2 주거

3 수

4 도시

5 교통

6 업무

7 쇼핑

8 스포츠·취미

9 자연

관련 단어

□ **die Größe**, -n [grǿ:sə] 그뢰쎄 **크기**

□ **das Maß**, -e [ma:s] 마스 **치수**

□ **die Addition**, -en Sg. [aditsióːn] 아디치온
   plus [plʊs] 플루스 **더하기**

□ **die Subtraktion**, -en Sg. [zʊptraktsióːn] 줍트락치온
   minus [míːnʊs] 미누스 **빼기**

□ **die Multiplikation**, -en Sg. [mʊltiplikatsióːn] 물티플리카치온
   mal [ma:l] 말 **곱하기**

□ **die Division**, -en Sg. [divizióːn] 디비지온
   geteilt durch [gətailt dʊrç] 게타일트 두르히 **나누기**

□ **der Meter** Sg. [méːtɐ] 메터 **미터(m)**

□ **der Quadratmeter** Sg. [kvadráːtmeːtɐ] 크바드라트메터
   평방미터, 제곱미터(m²)

□ **der Kubikmeter** Sg. [kubíːkmeːtɐ] 쿠빅메터 **세제곱미터(m³)**

□ **das Gramm**, -e Sg. [gram] 그람 **그램(g)**

□ **das Pfund**, -e Sg. [pfʊnt] 푼트 **파운드(Pfd.)**

□ **das Kilo(gramm)** Sg. [kilo(gráːm)] 킬로(그람) **킬로그램(kg)**

□ **die Tonne**, -n [tónə] 토네 **톤(t)**

□ **der Liter** Sg. [líːtɐ] 리터 **리터(ℓ)**

□ **der Kilometer** Sg. [kilomèːtɐ, kílomeːtɐ] 킬로메터 **킬로미터(km)**

□ **die Meile**, -n [máilə] 마일레 **마일(mile)**(1mile ≒ 1.6km)

die Form, -en 포름 도형

□ **der Kreis**, -e [krais] 크라이스 원

Mein Gesicht ist rund wie ein Kreis.

마인 게지히트 이스트 룬트 비 아인 크라이스.
내 얼굴은 원처럼 동그랗다.

□ **die Raute**, -n [ráutə]

라우테 마름모

□ **das Dreieck**, -e [dráiɛk]

드라이에크 삼각형

Ein Dreieck ist eine Form, die aus
drei miteinander verbundenen Punkten
besteht.

아인 드라이에크 이스트 아이네 포름, 디 아우스
드라이 미트아인안더 페어분데넨 풍크튼 베슈테트.
삼각형은 세 점을 이어 만든 도형이다.

□ **das Rechteck**, -e

[réçtɛk] 레히트에크 직사각형

□ **das Parallelogramm**, -e

[paralelográm] 파랄렐로그람 평행사변형

□ **das Quadrat**, -e [kvadráːt]

크바드라트 정사각형

Ein Quadrat hat vier gleich lange
Seiten.

아인 크바드라트 하트 피어 글라히 랑에 자이튼.
정사각형은 네 변의 길이가 같다.

□ **die Ellipse**, -n

[elípsə] 엘립세 타원형

84

□ **das Fünfeck**, -e
[fýnfɛk] 퓐프에크 오각형

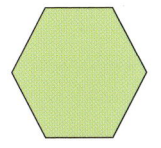

□ **das Sechseck**, -e [zéksɛk]
젝스에크 육각형

Der Bienenstock hat die Form eines
Sechsecks.
데어 비넨슈톡 하트 디 포름 아이네스 젝스엑스.
벌집은 육각형이다.

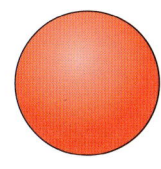

□ **die Kugel**, -n [kú:gl] 쿠글 구

Die Erde ist eine Kugel.
디 에르데 이스트 아이네 쿠글.
지구는 구형이다.

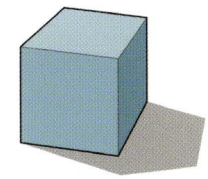

□ **der Würfel**, – [výrfl]
뷔르플 정육면체

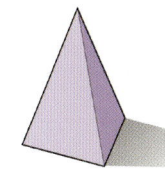

□ **die Pyramide**, -n
[pyramí:də] 피라미데 각뿔

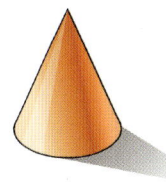

□ **der Kegel**, – [ké:gl]
케글 원추형

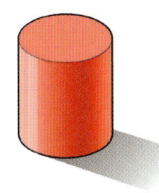

□ **der Zylinder**, –
[tsilíndɐ] 칠린더 원기둥

1 인간
2 주거
3 수
4 도시
5 교통
6 업무
7 쇼핑
8 스포츠·취미
9 자연

der Kalender, – 칼렌더 **달력**

die Jahreszeit, -en
야레스차이트 **계절**

□ **der Frühling**, -e _Sg_
[frý:lɪŋ] 프륄링 봄

□ **der Sommer**, – _Sg_
[zɔ́mɐ] 조머 **여름**

□ **der Winter**, – _Sg_
[vɪ́ntɐ] 빈터 겨울

□ **der Herbst**, -e _Sg_
[hɛrpst] 헤르프스트 가을

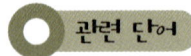 관련 단어

□ **die vier Jahreszeiten** [di: fi:ɐ̯ já:rəstsaitn] 디 피어 야레스차이튼 **사계절**

86

1 인간

2 주거

3 수

4 도시

5 교통

6 업무

7 쇼핑

8 스포츠·취미

9 자연

der Kalendermonat, -e
칼렌더모나트 **월**

*월(月)을 나타내는 명사는 모두 '남성'임.

- □ **Januar** [jánua:ɐ̯] 야누아르 1월
- □ **Februar** [fé:brua:ɐ̯] 페브루아르 2월
- □ **März** [mɛrts] 메르츠 3월
- □ **April** [apríl] 아프릴 4월
- □ **Mai** [mai] 마이 5월
- □ **Juni** [jú:ni] 유니 6월
- □ **Juli** [jú:li] 율리 7월
- □ **August** [augúst] 아우구스트 8월
- □ **September** [zɛptémbɐ] 젭템버 9월
- □ **Oktober** [ɔktó:bɐ] 옥토버 10월
- □ **November** [novémbɐ] 노벰버 11월
- □ **Dezember** [detsémbɐ] 데쳄버 12월

Dialog

A: Welche Jahreszeit mögen Sie?
벨헤 야레스차이트 뫼근 지?
무슨 계절을 좋아하세요?

B: Ich mag den Herbst.
이히 막 덴 헤르프스트.
가을을 좋아해요.

A: Ach ja? Ich auch.
아흐 야? 이히 아우흐.
그래요? 저도 그래요.

der besondere Tag, die besonderen Tage
데어 베존더레 탁 **특별한 날**

□ **Neujahr** [nɔ́yjaːɐ̯] 노이야르 **설**

An Neujahr fahre ich nach Hause zu meinen Eltern.
안 노이야르 파레 이히 나흐 하우제 추 마이넨 엘터른.
설이면 나는 고향에 간다.

□ **das Erntedankfest** [érntədaŋkfest]
에른테당크페스트 **추석**

Am Erntedankfest gibt es alles im Überfluss.
암 에른테당크페스트 깁트 에스 알레스 임 위버플루스.
추석에는 모든 것이 풍요롭다.

□ **der Valentinstag** [váːlɛntiːnstaːk]
발렌틴스탁 **밸런타인데이**

□ **der Geburtstag** [gəbúːɐ̯tstaːk]
게부르츠탁 **생일**

□ **das Weihnachten** [váinaxtn̩] 바이나흐튼
크리스마스

□ **der Heiligabend** [háiliça:bnt] 하일리히아븐트
크리스마스 이브

Treffen wir uns am Heiligabend!
트레픈 비어 운스 암 하일리히아븐트!
우리 크리스마스 이브에 만나요.

1 인간

2 주거

3 수

4 도시

5 교통

6 업무

7 쇼핑

8 스포츠·취미

9 자연

관련 단어

- der **Feiertag**, -e [fáiɐta:k] 파이어탁 **명절**
- das **Jubiläum**, Jubiläen [jubilέ:ʊm] 유빌레움 **기념일**
- das **neue Jahr** [das nóyə ja:ɐ̯] 다스 노이에 야르 **신년, 새해**
- der **Kindertag** [kíndɐta:k] 킨더탁 **어린이날**
- der **Vatertag** [fá:tɐta:k] 파터탁 **아버지의 날**
- der **Muttertag** [mútɐta:k] 무터탁 **어머니의 날**
- der **Tag der Deutschen Einheit** [de:ɐ̯ ta:k de:ɐ̯ dóytʃn áinhait] 데어 탁 데어 도이췬 아인하이트 **독일 통일의 날**
- der **Tag der Arbeit** [de:ɐ̯ ta:k de:ɐ̯ árbait] 데어 탁 데어 아르바이트 **노동절**

der Wochentag, -e 보흔탁 요일

*요일을 나타내는 명사는 모두 '남성'임.

- **Sonntag** [zɔ́nta:k] 존탁 **일요일**
- **Montag** [móːnta:k] 몬탁 **월요일**
- **Dienstag** [díːnsta:k] 딘스탁 **화요일**
- **Mittwoch** [mítvɔx] 미트보흐 **수요일**
- **Donnerstag** [dɔ́nɐsta:k] 도너스탁 **목요일**
- **Freitag** [fráita:k] 프라이탁 **금요일**
- **Samstag** [zámsta:k] 잠스탁 **토요일**

die Zeit, -en 차이트 **시간**

☐ **die Stunde,** -n
[ʃtóndə] 슈툰데 **시** → ☐ **die Minute,** -n
[minú:tə] 미누테 **분** → ☐ **die Sekunde,** -n
[zekúndə] 제쿤데 **초**

☐ **der Morgen,** – [mɔ́rgn] 모르근 **아침**
Es ist ein sonniger und klarer Morgen.
에스 이스트 아인 조니거 운트 클라러 모르근.
햇살이 눈부신 상쾌한 아침이야.

☐ **die Morgendämmerung,** -en
[mɔ́rgndɛmərʊŋ] 모르근데머룽

das Morgengrauen Sg.
[mɔ́rgngrauən] 모르근그라우엔 **새벽**

☐ **der Mittag,** -e
[míta:k] 미탁 **정오**

☐ **die Mitternacht,** -nächte [mítɐnaxt]
미터나흐트 **한밤중, 심야**

☐ **der Tag,** -e
[ta:k] 탁 **낮**

☐ **der Nachmittag,** -e
[ná:xmɪta:k] 나흐미탁 **오후**

☐ **die Nacht,** Nächte
[naxt] 나흐트 **밤**

☐ **der Abend,** -e [á:bnt] 아븐트 **저녁**
Heute Abend treffe ich meinen Freund.
호이테 아븐트 트레페 이히 마이넨 프로인트.
오늘 저녁에 남자 친구와 만나기로 했다.

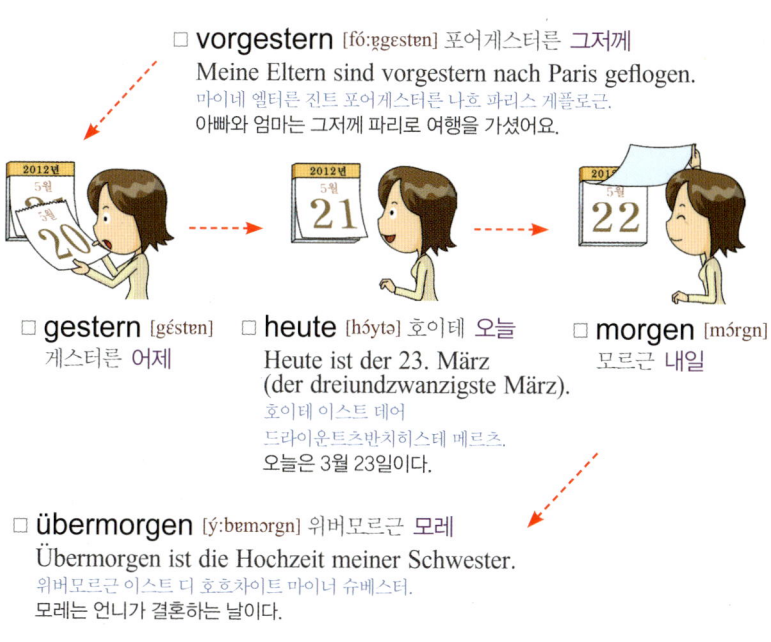

□ **vorgestern** [fóːɐ̯gɛstɐn] 포어게스터른 그저께

Meine Eltern sind vorgestern nach Paris geflogen.
마이네 엘터른 진트 포어게스터른 나흐 파리스 게플로근.
아빠와 엄마는 그저께 파리로 여행을 가셨어요.

□ **gestern** [gésten] 게스터른 어제

□ **heute** [hóytə] 호이테 오늘

Heute ist der 23. März
(der dreiundzwanzigste März).
호이테 이스트 데어
드라이운트츠반치히스테 메르츠.
오늘은 3월 23일이다.

□ **morgen** [mɔ́rgn] 모르근 내일

□ **übermorgen** [ýːbɐmɔrgn] 위버모르근 모레

Übermorgen ist die Hochzeit meiner Schwester.
위버모르근 이스트 디 호흐차이트 마이너 슈베스터.
모레는 언니가 결혼하는 날이다.

관련 단어

□ **das Datum,** Daten [dáːtʊm] 다툼 날짜
□ **die Jahreszahl,** -en [jáːrəstsaːl] 야레스찰 연도
□ **der Wochentag,** -e [vóxntaːk] 보흔탁 평일
□ **das Wochenende,** -n [vóxnɛndə] 보흔엔데 주말
□ **das Jahrhundert,** -e [jáːɐ̯hʊndɐt] 야르훈더르트 세기
□ **das Jahrtausend,** -e [jáːɐ̯tauznt] 야르타우즌트 10세기
□ **die Vergangenheit** Sg [fɐɡáŋənhait] 페어강엔하이트 과거
□ **die Gegenwart** Sg [géːgnvart] 게근바르트 현재
□ **die Zukunft,** –, Zukünfte Sg [tsúːkʊnft] 추쿤프트 미래

1 인간
2 주거
3 수
4 도시
5 교통
6 업무
7 쇼핑
8 스포츠·취미
9 자연

- □ jetzt [jetst] 예츠트 지금
- □ später [ʃpé:tɐ] 슈페터 나중
- □ eben [é:bn] 에븐 방금
- □ von jetzt an [fɔn jetst an] 폰 예츠트 안 이제부터
- □ oft [ɔft] 오프트 계속, 줄곧, 자주
- □ manchmal [mánçmaːl] 만히말 때때로, 이따금
- □ selten [zéltn] 젤튼 가끔, 드물게
- □ erst [e:ɐ̯st] 에르스트 제1, 최초, 첫(번)째
- □ letzt [létst] 레츠트 마지막
- □ der Moment, -e [momént] 모멘트 순간
- □ letzte Woche [létstə vóxə] 레츠테 보헤 지난주
- □ diese Woche [díːzə vóxə] 디제 보헤 이번 주
- □ nächste Woche [nɛ́ːçstə vóxə] 네히스테 보헤 다음 주

    □ jeden Tag [jéːdn taːk] 예든 탁 매일
    □ jede Woche [jéːdə vóxə] 예데 보헤 매주
    □ jeden Monat [jéːdn móːnat] 예든 모나트 매월
    □ jedes Jahr [jéːdəs jaːɐ̯] 예데스 야르 매년

Dialog

A: Wie lange dauert es?
비 랑에 다우어르트 에스?
얼마나 오래 걸려?

B: Es dauert eine Stunde.
에스 다우어르트 아이네 슈툰데.
한 시간 걸려.

□ **Es ist vier Uhr morgens**
에스 이스트 피어 우어 모르근스   오전 4시

□ **Es ist Viertel nach drei am Nachmittag**
에스 이스트 피어틀 나흐 드라이 암 나흐미탁   오후 3시 15분

□ **Es ist halb drei** 에스 이스트 할프 드라이   2시 반
□ **Es ist fünf nach neun** 에스 이스트 퓐프 나흐 노인   9시 5분
□ **Es ist Viertel vor vier** 에스 이스트 피어틀 포어 피어   4시 15분 전

□ **1998 (neunzehnhundertachtundneunzig)**
[nɔyntse:nhʊndɛtaxtʊntnɔyntsɪç] 노인첸훈더르트아흐트운트노인치히   1998년

□ **2011 (zweitausendelf)** [tsvaitauzntɛlf] 츠바이타우즌트엘프   2011년

Dialog

A: Wollen wir zusammen am Samstag einen Ausflug machen?
볼렌 비어 추자멘 암 잠스탁 아이넨 아우스플룩 마흔?
우리 함께 소풍 갈래요?

B: Echt? Das wird bestimmt sehr lustig!
에히트? 다스 비르트 베슈팀트 제어 루스티히!
정말요? 재미있겠네요!

A: Wann soll ich Sie abholen?
반 졸 이히 지 압홀렌?
언제 데리러 갈까요?

B: Kommen Sie bitte so gegen zehn!
코멘 지 비테 조 게근 첸!
오전 10시쯤 와 주세요.

1 인간
2 주거
3 수
4 도시
5 교통
6 업무
7 쇼핑
8 스포츠·취미
9 저녁

연습문제 Übungen

1 다음 숫자를 독일어로 써보세요.

a) 14 ______________ b) 67 ______________

c) 134 ______________ d) 2233 ______________

2 다음 단어의 뜻을 써보세요.

a) Fläche ______________

b) Gewicht ______________

c) Abstand ______________

d) Höhe ______________

3 다음 그림과 단어를 연결해 보세요.

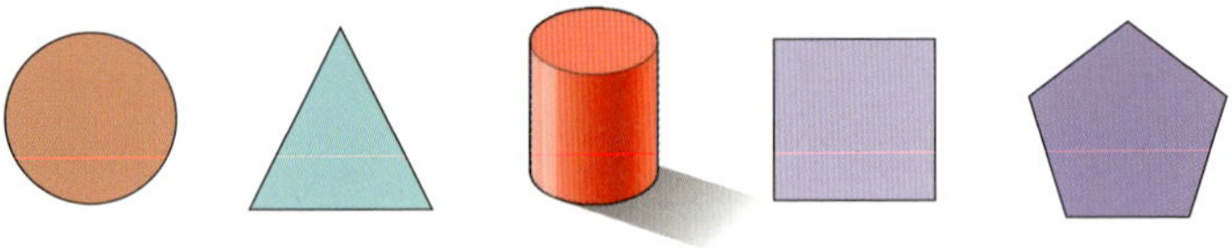

Kreis Dreieck Quadrat Fünfeck Zylinder

4 다음 빈칸에 알맞은 독일어를 써넣어 보세요.

a) 겨울은 12월에서 2월까지이다.

Von ______________ bis ______________ ist Winter.

b) 수요일 ______________ 토요일 ______________

c) 어제 ______________ ➜ 오늘 heute ➜ 내일 ______________

d) 아침 Morgen ➡ 정오 Mittag ➡ 오후 _____ ➡

저녁 _____ ➡ 밤 _____

e) 지금 _____   나중 _____

순간 _____   매일 _____

5 다음 시간을 독일어로 써보세요.

a) 2:15 _____

b) 2시 8분 전 _____

c) 8시 정각 _____

d) 9시 반 _____

THEMATIC GERMAN WORDS

Theme 4

→ **Stadt** 슈타트 도시

1 인간

2 주거

3 수

4 도시

5 교통

6 업무

7 쇼핑

8 스포츠·취미

9 지역

Im Stadtzentrum 임 슈타트첸트룸 시내에서

□ **das Hochhaus**, -häuser [hó:xhaus]
호흐하우스 **아파트, 고층 건물**

□ **die Polizei**, -en Sg
[politsái] 폴리차이 **경찰서**

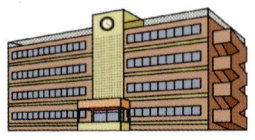

□ **die Schule**, -n [ʃú:lə] 슐레 **학교**
Du kommst zu spät zur Schule. Steh
schnell auf!
두 콤스트 추 슈페트 추어 슐레. 슈테 슈넬 아우프!
학교에 지각하겠다, 빨리 일어나!

□ **die Bibliothek**, -en
[biblioté:k] 비블리오텍 **도서관**

□ **das Kino**, -s
[kí:no] 키노 **영화관**

□ **das Kaufhaus**, -häuser
[káufhaus] 카우프하우스 **백화점**
Dort wird gerade ein neues
Kaufhaus gebaut.
도르트 비르트 게라데 아인 노이에스
카우프하우스 게바우트.
저기에 곧 새로운 백화점이 들어설 거야.

□ **das Schild**, -er
[ʃɪlt] 쉴트 **간판**

□ **das Geschäft**, -e [gəʃéft] 게쉐프트
der Laden, Läden [lá:dn] 라든 **상점**

98

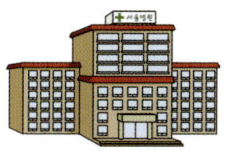

□ **das Krankenhaus**, -häuser
[kráŋknhaus] 크랑큰하우스 **병원**

□ **die Arztpraxis**, -praxen [aːɐ̯tstpraksɪs]
아르츠트프락시스 **개인병원**

Mein Hals tut weh. Ich muss zum Arzt gehen.
마인 할스 투트 베. 이히 무스 춤 아르츠트 게엔.
목이 너무 아파. 병원에 가 봐야겠어.

□ **die Post** Sg.
[pɔst] 포스트 **우체국**

□ **die Apotheke**, -n
[apoté:kə] 아포테케 **약국**

관련 단어

□ **das Gebäude**, — [gəbóydə] 게보이데 **빌딩**

□ **das Museum**, Museen [muzé:ʊm] 무제움 **박물관**

□ **die Galerie**, -n [galərí:] 갈레리 **미술관**

□ **die Fabrik**, -en [fabrí:k] 파브릭 **공장**

□ **die Buchhandlung**, -en [búːxhandlʊŋ] 부흐한들룽 **서점**

□ **der Bahnhof**, -höfe [báːnhoːf] 반호프 **기차역**

□ **die Überführung**, -en [yːbɐfýːrʊŋ] 위버퓌룽 **육교**

□ **der Fußgängerüberweg**, -e [fúːsgɛŋɐyːbɐveːk] 푸스갱어위버벡
der Zebrastreifen, — [tséːbraʃtraifn] 체브라슈트라이픈 **횡단보도**

□ **die Verkehrsampel**, -n [fɛɐ̯ké:ɐ̯sampl] 페어케어스암플 **신호등**

□ **der Straßenbaum**, -bäume [ʃtrásnbaum] 슈트라쓴바움 **가로수**

□ **das Plakat**, -e [plaká:t] 플라카트 **포스터**

1 인간
2 주거
3 수
4 도시
5 교통
6 업무
7 쇼핑
8 스포츠·취미
9 지역

Auf der Post 아우프 데어 포스트 **우체국에서**

□ **die Postfiliale**, -n [pɔ́stfiliaːlə] 포스트필리알레 **우체국 지점**

□ **der Postbeamte**, -n, **die Postbeamtin**, -nen
[pɔ́stbəamtə] 포스트베암테 **우체국 직원**

Der Postbeamte am Schalter 3 hat mein Paket
angenommen.
데어 포스트베암테 암 샬터 드라이 하트 마인 파케트 안게노멘.
3번 창구의 우체국 직원이 내 소포를 접수했다.

□ **der Postkasten**, -kästen
[pɔ́stkastn] 포스트카스튼 **우체통**

□ **die Briefmarke**, -n
[bríːfmarkə] 브리프마르케
우표

□ **der Briefträger**, –
die Briefträgerin, -nen
[bríːftrɛːgɐ] 브리프트레거 **집배원**

Der Briefträger kommt fast immer zur
gleichen Zeit.
데어 브리프트레거 콤트 파스트 이머 추어 글라이흔 차이트.
그 집배원은 거의 같은 시간에 도착한다.

□ **der Brief**, -e
[bríːf] 브리프 **편지**

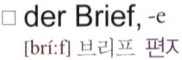

□ **die Postleitzahl**, -en
[pɔ́stlaittsaːl] 포스트라이트찰
우편 번호

□ **Vorsicht zerbrechlich!**
[fóːɐ̯zɪçt tsɐɐ̯bréçlɪç]
포어지히트 체어브레흘리히
취급주의

□ **der Briefumschlag**, -umschläge
[bríːfʊmʃlaːk] 브리프움슐락 **편지 봉투**

100

1 인간

2 추가

3 수

4 도시

5 교통

6 업무

7 쇼핑

8 스포츠·취미

9 자연

관련 단어

□ **der Schalter**, – [ʃáltɐ] 샬터 (~번) 창구

□ **die Waage**, -n [vá:gə] 바게 저울

□ **das Porto**, -s, -ti ᴾˡ⋅ [pórto] 포르토
  die Postgebühr, -en ᴾˡ⋅ [póstgəby:rən] 포스트게뷔어 우편 요금

□ **die Adresse**, -n [adrésə] 아드레쎄 주소

□ **der Poststempel**, – [póstʃtempl] 포스트슈템플 소인

□ **die Zustellung**, -en [tsú:ʃtelʊŋ] 추슈텔룽 우송

□ **das Paket**, -e [paké:t] 파케트 소포

□ **das Einschreiben**, – [áinʃraibn] 아인슈라이븐 등기

□ **die Eilzustellung**, -en [áiltsu:ʃtelʊŋ] 아일추슈텔룽 속달

□ **die Postkarte**, -n [póstkartə] 포스트카르테 엽서

□ **der Briefkasten**, -kästen [brí:fkastn] 브리프카스튼 우편함

Dialog

A: Ist es weit bis zur Post?
이스트 에스 바이트 비스 추어 포스트?
우체국이 여기서 멀리 있나요?

B: Nein, sie ist ganz in der Nähe. Sie können zu Fuß gehen.
나인, 지 이스트 간츠 인 데어 네에. 지 쾨넨 추 푸스 게엔.
아주 가까워요. 걸어서 갈 수 있어요.

A: Wie lange dauert es zu Fuß?
비 랑에 다우어르트 에스 추 푸스?
걸어서 얼마나 걸리나요?

B: Es dauert etwa zwei Minuten.
에스 다우어르트 에트바 츠바이 미누튼.
2분 정도요.

A: Prima. Danke.
프리마. 당케.
예, 고맙습니다.

Im Krankenhaus 임 크랑큰하우스 **병원에서**

☐ **die Chirurgie** Sg.

[çirurgí:] 히루르기 **외과**

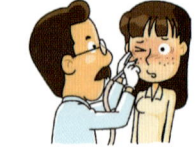

☐ **die Dermatologie** Sg.

[dɛrmatologí:] 데르마톨로기 **피부과**

☐ **die Kinderklinik**, -en

[kíndɐklí:nɪk] 킨더클리닉 **소아과**

Ich bin beim Kinderarzt
gewesen, weil mein Kind
Fieber hatte.
이히 빈 바임 킨더아르츠트 게베즌, 바일
마인 킨트 피버 하테.
아이가 열이 나서 소아과에 다녀왔다.

☐ **die Gynäkologie** Sg.

[gynɛkologí:] 긴에콜로기
산부인과

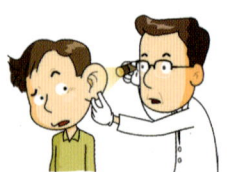

☐ **die Hals-Nasen-Ohren-Klinik**, -en

[hals náːzə óːrən klíːnɪk] 할스 나제 오렌 클리닉

이비인후과

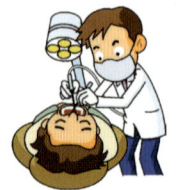

☐ **die Zahnklinik**, -en

[tsáːnkliːnɪk] 찬클리닉 **치과**

102

□ **der Arzt**, Ärzte
die Ärztin, -nen
[aːɐ̯tst] 아르츠트 **의사**

□ **die Krankenschwester**, -n
[kráŋkn∫vɛstɐ] 크랑큰슈베스터 **간호사**

Die Krankenschwester hat meinen
Name gerufen.
디 크랑큰슈베스터 하트 마이넨 나메 게루픈.
간호사가 내 이름을 불렀다.

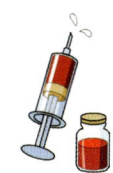

□ **eine Spritze geben** [áinə ∫prítsə géːbn]
아이네 슈프리체 게븐 **주사를 놓다**

□ **eine Spritze bekommen**
[áinə ∫prítsə bəkómən] 아이네 슈프리체 베코멘
주사를 맞다

□ **die Krücke**, -n [krýkə] 크뤼케 **목발**

Der Arzt hat gesagt, dass ich vier
Wochen lang mit Krücken gehen muss.
데어 아르츠트 하트 게작트, 다스 이히 피어 보헨 랑
미트 크뤼큰 게엔 무스.
앞으로 한달 동안은 목발을 짚고 다녀야 한대.

□ **das Thermometer**, –
[tɛrmomé:tɐ] 테르모메터
체온계

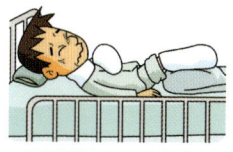

□ **der Gips**, -e [gɪps] 깁스 **깁스**

관련 단어

□ die Innere Medizin Sg. [di: ínərə meditsí:n] 디 이너레 메디친 내과

□ die Urologie Sg. [urologí:] 우롤로기 비뇨기과

□ die Orthopädie Sg. [ɔrtopedí:] 오르토페디 정형외과

□ die plastische Chirurgie Sg. [di: plástiʃə çirurgí:]
디 플라스티쉐 히루르기 성형외과

□ die Ophthalmologie Sg. [ɔftalmologí:] 오프탈몰로기 안과

□ der Krankenwagen, – [kráŋknva:gn] 크랑큰바근 구급차

□ die Notaufnahme, -n [nó:taufna:mə] 노트아우프나메 응급실

□ der Rettungssanitäter, – [rétʊŋszanite:tɐ] 레퉁스자니테터 응급 구조 요원

□ der Patient, -en [patsiént] 파치엔트 환자

□ untersuchen [ʊntɐzú:xn] 운터주흔 진찰하다

□ behandeln [bəhándln] 베한들른 치료하다

□ desinfizieren [dɛsɪnfitsí:rən] 데스인피치렌 소독하다

□ operieren [opərí:rən] 오페리렌 수술하다

□ sich operieren lassen [zɪç opərí:rən lásn] 지히 오페리렌 라쓴 수술받다

□ die Ringer-Lösung injektieren [di: ríŋɐlø:zʊŋ ɪnjɛktí:rən]
디 링어뢰중 인옉티렌 링거액을 주사하다

□ das ärztliche Attest, -e [das é:ɐtstlɪçə atést] 다스 에르츠틀리헤 아테스트
진단서

□ das ärztliche Rezept, -e [das é:ɐtstlɪçə retsépt]
다스 에르츠틀리헤 레쳅트 처방전

□ die Untersuchung des Gesundheitszustandes Sg.
[di: ʊntɐzú:xʊŋ dɛs gəzúnthaitstsu:ʃtandəs] 디 운터주훙 데스 게준트하이츠추슈탄데스
건강 진단

□ der Rollstuhl, -stühle [rólʃtu:l] 롤슈툴 휠체어

A: Komm heute Nachmittag bitte schnell nach Hause.
Du hast einen Termin beim Augenarzt.

콤 호이테 나흐미탁 비테 슈넬 나흐 하우제. 두 하스트 아이넨 테르민 바임
아우근아르츠트.

오늘 오후에 안과에 가야 하니, 빨리 와라.

B: Heute komme ich aber erst spät aus der Schule.

호이테 코메 이히 아버 에르스트 슈페트 아우스 데어 슐레.

오늘은 수업이 늦게까지 있는데요.

A: Heute ist doch der Termin für die regelmäßige
ärztliche Untersuchung. Was soll ich denn machen?

호이테 이스트 도흐 데어 테르민 퓌어 디 레글메씨게 에르츠틀리헤 운터주훙.
바스 졸 이히 덴 마흔?

오늘이 정기적으로 진찰받는 날인데, 그러면 어떡하지?

B: Mama, kannst du bitte beim Augenarzt anrufen und
den Termin auf morgen aufschieben?

마마, 칸스트 두 비테 바임 아우근아르츠트 안루픈 운트 덴 테르민 아우프 모르근
아우프쉬븐?

엄마, 병원에 전화해서 내일로 연기하면 안 될까요?

In der Apotheke 인 데어 아포테케 **약국에서**

☐ die Tablette, -n [tablétə] 타블레테 **알약**
Tabletten sind relativ einfach einzunehmen.
타블레튼 진트 렐라티프 아인파흐 아인추네멘.
알약은 비교적 먹기 편해요.

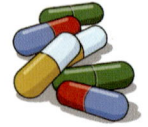

☐ die Kapsel, -n
[kápsl] 캅슬 **캡슐**

☐ das flüssige Medikament,
die flüssigen Medikamente
[das flýsɪgə medikamént] 다스 플뤼씨게 메디카멘트
die Tropfen PL. [trópfn] 트로픈 **물약**
Nehmen Sie täglich zwei Löffel von diesem flüssigen Medikament ein!
네멘 지 테클리히 츠바이 뢰플 폰 디젬 플뤼씨근 메디카멘트 아인!
이 물약은 매일 두 스푼씩 드세요.

☐ der Verbandsmull, -e Sg.
[feɐbántsmul] 페어반츠물
die Gaze, -n [gá:zə] 가제 **거즈**

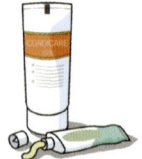

☐ die Salbe, -n [zálbə] 잘베 **연고**
Bitte reiben Sie die Salbe ständig auf die Wunde!
비테 라이븐 지 디 잘베 슈텐디히 아우프 디 분데!
상처에 꾸준히 연고를 발라 주세요.

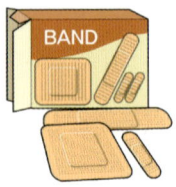

☐ das Pflaster, – [pflástɐ]
플라스터 **일회용 밴드**

106

1 인간

2 주거

3 수

4 도시

5 교통

6 업무

7 쇼핑

8 스포츠·취미

9 자연

관련 단어

□ der Apotheker, –, die Apothekerin, -nen [apoté:kɐ] 아포테커 **약사**

□ die Dosis, Dosen [dó:zɪs] 도지스 **복용량**

□ das Zäpfchen, – [tépfçən] 쳅헨 **좌약**

□ das Schmerzmittel, – [ʃmértsmɪtl] 슈메르츠미틀 **진통제**

□ das Schlafmittel, – [ʃlá:fmɪtl] 슐라프미틀 **수면제**

□ das Beruhigungsmittel, – [bərú:ɪgʊŋsmɪtl] 베루이궁스미틀 **진정제**

□ das entzündungshemmende Mittel,
die entzündungshemmenden Mittel [das ɛnttsýndʊŋshemǝndə mítl]
다스 엔트췬둥스헤멘데 미틀 **소염제**

□ das Stopfmittel, – [ʃtópfmɪtl] 슈토프미틀 **설사약, 지사제**

□ die Damenbinde, -n [dá:mǝnbɪndə] 다멘빈데 **생리대**

□ die Bandage, -n [bandá:ʒə] 반다제
der Verband, Verbände [fɛɐ̯bánt] 페어반트 **붕대**

□ die Nebenwirkung, -en [né:bnvɪrkʊŋ] 네븐비르쿵 **부작용**

Dialog

A: Geben Sie mir dieses Schmerzmittel, bitte!
게븐 지 미어 디제스 슈메르츠미틀, 비테!
이 진통제 좀 주세요.

B: Wenn Sie diese Medikament kaufen wollen, brauchen
Sie ein ärztliches Rezept.
벤 지 디제 메디카멘트 카우픈 볼렌, 브라우흔 지 아인 에르츠틀리혜스 레쳅트.
이 약을 사시려면, 의사의 처방전이 있어야 해요.

die Krankheit, -en 크랑크하이트 **질병**

□ **Schüttelfrost haben**
[ʃýtlfrɔst háːbn] 쉬틀프로스트 하븐
오한이 들다

□ **der Kopfschmerz, -en** PL
[kɔ́pfʃmɛrts] 코프슈메르츠 **두통**

Wegen starker Kopfschmerzen kann ich nicht wieder zur Vernunft kommen.
베겐 슈타르커 코프슈메르츤 칸 이히 니히트 비더 추어 페어눈프트 코멘.
두통이 심해서 정신을 차릴 수가 없다.

□ **sich übergeben** [zɪç ýːbɐgeːbn]
지히 위버게븐 **구토하다**

Ich übergebe mich, weil mir das Mittagessen nicht bekommen ist.
이히 위버게베 미히, 바일 미어 다스 미탁에쓴 니히트 베코멘 이스트.
점심 먹은 게 체해서 구토를 하다.

□ **Fieber haben** [fíːbɐ háːbn]
피버 하븐 **열이 나다**

□ **ekelhaft sein** [éːklhaft zain] 에클하프트 자인
Ekel empfinden [éːkl ɛmpfíndn]
에클 엠핀든 **구역질하다**

□ **die Grippe, -n** Sg
[grípə] 그리페 **독감**

Er ist heute wegen der Grippe nicht zur Arbeit gegangen.
에어 이스트 호이테 베겐 데어 그리페 니히트 추어 아르바이트 게강엔.
그는 오늘 독감으로 결근했습니다.

□ **die Erkältung, -en**
[ɛɐkɛ́ltʊŋ] 에어켈퉁 **감기**

□ **sich erkälten**
[zɪç ɛɐkɛ́ltn] 지히 에어켈튼 **감기에 걸리다**

□ die Verbrennung, -en [fɛɐ̯brénʊŋ] 페어브레눙 **화상**

□ sich verbrennen [zɪç fɛɐ̯brénən] 지히 페어브레넨 **화상을 입다**

□ **das Nasenbluten** Sg
[ná:znblu:tn] 나즌블루튼 **코피**

□ **die allergische Reaktion,**
die allergischen Reaktionen
[di: alérgɪʃə reaktsió:n]
디 알레르기쒜 레악치온 **알레르기 반응**

□ **die Wunde,** -n [vʊ́ndə] 분데 **상처**
Die Wunde sollte vollständig heilen.
디 분데 졸테 폴슈텐디히 하일렌.
상처가 깨끗하게 아물어야 할 텐데.

□ **die Blase,** -n [blá:zə] 블라제 **물집**
Ich hatte eine Blase am Fuß, weil
ich neue Schuhe getragen habe.
이히 하테 아이네 블라제 암 푸스, 바일 이히
노이에 슈에 게트라근 하베.
새 신을 신었더니 발에 물집이 생겼다.

□ **der Bluthochdruck** Sg
[blú:tho:xdrʊk] 블루트호흐드룩 **고혈압**

Es ist schade, dass ein Mann, der
noch nicht 40 Jahre alt ist, schon
Bluthochdruck hat.
에스 이스트 샤데, 다스 아인 만, 데어 노흐 니히트
피어치히 야레 알트 이스트, 숀 블루트호흐드룩 하트.
아직 40도 안 된 사람이 고혈압이라니….

□ **die Zahnkaries** Sg
[tsá:nka:riɛs] 찬카리에스

die Zahnfäule Sg
[tsá:nfɔylə] 찬포일레 **충치**

Oh nein, schon wieder Karies!
오 나인, 숀 비더 카리에스!
아이구, 충치가 또 하나 늘었네!

1 인간
2 주거
3 수
4 도시
5 교통
6 업무
7 쇼핑
8 스포츠·취미
9 자연

109

관련 단어

☐ **krank sein** [kraŋk zain] 크랑크 자인 **병이 나다**

☐ **der Krankheitserreger, –** [kráŋkhaitsɐɐɾeːgɐ] 크랑크하이츠에어레거
der Virus, Viren [víːrʊs] 비루스 **병균**

☐ **der Krebs** ᴤᴳ [kreːps] 크렙스 **암**

☐ **die Zuckerkrankheit** ᴤᴳ [tsúkɐkraŋkhait] 추커크랑크하이트 **당뇨병**

☐ **die Fettleibigkeit** ᴤᴳ [fétlaibɪçkait] 페트라이비히카이트 **비만증**

☐ **die Anämie, -n** ᴤᴳ [anɛmíː] 아네미
die Blutarmut ᴤᴳ [blúːtarmuːt] 블루트아르무트 **빈혈**

☐ **die Migräne, -n** [migréːnə] 미그레네 **편두통**

☐ **die Lumbago** [lʊmbáːgo] 룸바고
der Rücken- und Kreuzschmerz, -en ᴾᴸ [rýkn ʊnt króytsʃmerts]
뤼큰 운트 크로이츠슈메르츠 **요통**

☐ **die Bauchschmerzen** ᴾᴸ [báuxʃmɛrtsn] 바우흐슈메르츤 **복통**

☐ **die Lebensmittelvergiftung, -en** [léːbnsmɪtlfɐɐgɪftʊŋ]
레븐스미틀페어기프퉁 **식중독**

☐ **die Verdauungsbeschwerden** ᴾᴸ [fɛɐdáuʊŋsbəʃveːɐdn]
페어다우웅스베슈베르든 **소화불량**

☐ **die Verstopfung, -en** [fɛɐʃtópfʊŋ] 페어슈토풍 **변비**

☐ **die Vogelgrippe, -n** ᴤᴳ [fóːglgrɪpə] 포글그리페
조류 독감, 조류 인플루엔자

☐ **die Schweinegrippe, -n** ᴤᴳ [ʃváinəgrɪpə] 슈바이네그리페 **신종플루**

☐ **der Durchfall, -fälle** ᴤᴳ [dórçfal] 두르히팔 **설사**

☐ **der Blutfluß** ᴤᴳ [blúːtflʊs] 블루트플루스 **출혈**

☐ **der Husten** ᴤᴳ [húːstn] 후스튼 **기침**
husten [húːstn] 후스튼 **기침하다**

1 인간

2 주거

3 수

4 도시

5 교통

6 약국

7 쇼핑

8 스포츠·취미

9 자연

□ **das Niesen** Sg [níːzn] 니즌 재채기
niesen [níːzn] 니즌 재채기하다

□ **blind sein** [blɪnt zain] 블린트 자인
erblinden [ɛ̯blíndn] 에어블린든 눈이 멀다

□ **taub sein** [taup zain] 타우프 자인
schwerhörig sein [ʃvéːʁhøːrɪç zain] 슈베어회리히 자인
귀가 들리지 않다

 **Dialog**

A: Wie geht es Ihnen mit der Anämie?
비 게트 에스 이넨 미트 데어 아네미?
당신 빈혈 증세는 좀 어때요?

B: Es geht. Das wird nicht einfach besser.
에스 게트. 다스 비르트 니히트 아인파흐 베써.
그저 그렇죠, 뭐. 금방 좋아질 리가 없잖아요.

A: Nehmen Sie bitte regelmäßig die Tabletten.
네멘 지 비테 레글메씨히 디 타블레튼.
그러니 약 좀 잘 챙겨 먹어요.

B: Machen Sie sich bitte keine Sorgen. Ich nehme sie
regelmäßig ein.
마흔 지 지히 비테 카이네 조르근. 이히 네메 지 레글메씨히 아인.
걱정하지 마세요. 잘 먹고 있어요.

111

Auf der Bank 아우프 데어 방크 은행에서

□ **der, die Bankangestellte,** -n
[báŋkaŋgəʃtɛllə] 방크안게슈텔테 은행 직원

□ **der Sicherheitsbeamte,** -n
die Sicherheitsbeamtin, -nen
[zíçɐhaitsbəamtə] 지허하이츠베암테 청원 경찰

□ **der Geldschein,** -e
[géltʃain] 겔트샤인 지폐

□ **die Münze,** -n
[mýntsə] 뮌체 동전

□ **die Geldsumme,** -n
[géltzumə] 겔트주메 금액

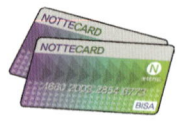

□ **die Kreditkarte,** -n [kredí:tkartə]
크레디트카르테 신용카드

Ich habe meine Kreditkarte verloren.
이히 하베 마이네 크레디트카르테 페어로렌.
신용카드를 분실했어요.

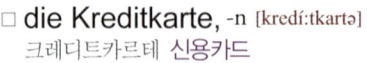

□ **der Scheck,** -s
[ʃék] 쉐크 수표

□ **das Girokonto,** -s [ʒí:rokonto]
지로콘토 계좌

□ **das Sparbuch,**-bücher [ʃpá:rbu:x]
슈파르부흐 (예금) 통장

□ **der Geldautomat,** -en
[géltautoma:t] 겔트아우토마트
현금 자동 입출금기, ATM

1 인간

2 주거

3 수

4 도시

5 교통

6 업무

7 쇼핑

8 스포츠·취미

9 자연

관련 단어

□ **der Schalter, –** [ʃáltɐ] 샬터 업무 창구(~번)

□ **die Kasse, -n** [kásə] 카쎄 출납

□ **der Kassierer, –, die Kassiererin, -nen** [kasíːɐ] 카씨러 출납원

□ **der Kunde, -n, die Kundin, -nen** [kúndə] 쿤데 고객

□ **das Sparen** Sg [ʃpáːrən] 슈파렌 저금, 예금

□ **das Darlehen, –** [dárleːən] 다르레엔
  der Kredit, -e [kredíːt] 크레디트 대출금

□ **die Überweisung, -en** [yːbɐváizʊŋ] 위버바이중 계좌 이체

□ **der Kontoauszug, -auszüge** [kóntoaustsuːk] 콘토아우스축
  통장 정리, 거래명세서

□ **die Bankgebühr, -en** [báŋkgəbyː ɐ̯] 방크게뷔어 은행 수수료

□ **die Kontonummer, -n** [kóntonʊmɐ] 콘토누머 계좌번호

□ **die Geheimzahl, -en** [gəháimtsaːl] 게하임찰 비밀 번호

□ **unterschreiben** [ʊntɐʃráibn] 운터슈라이븐 서명하다, 사인하다

□ **die Debitkarte, -n** [debíːtkartə] 데비트카르테 직불 카드

□ **Steuern zahlen** [ʃtɔ́yɐn tsáːlən] 슈토이어른 찰렌 세금을 납부하다

Dialog

A: Entschuldigung, gibt es hier in der Nähe eine Bank?
엔트슐디궁, 깁트 에스 히어 인 데어 네에 아이네 방크?
저, 이 근처에 은행이 있나요?

B: Ja. Die Bank ist direkt neben dem Hochhaus dort drüben.
야. 디 방크 이스트 디렉트 네븐 뎀 호흐하우스 도르트 드뤼븐.
저기 큰 빌딩 바로 옆에 있어요.

A: Danke.
당케.
고마워요.

113

das Fastfood 파스트푸트 **패스트푸드**

☐ **Pommes Frites** PL. [pɔmfrít]
폼프리트 감자튀김, 프렌치프라이

☐ **der Donut, -s** [dó:nat] 도나트
der Krapfen, – [krápfn] 크라픈 **도넛**

☐ **der Hamburger, –**
[hámburgɐ] 함부르거 **햄버거**

☐ **frittiertes Hähnchen** [frití:rtəs hé:nçən]
프리티어테스 헨헨 **프라이드치킨**

In diesem Restaurant schmeckt frittiertes Hähnchen sehr gut!
인 디젬 레스토랑 슈메크트 프리티어테스 헨헨 제어 구트!
이 집 프라이드치킨 참 맛있어.

☐ **der Strohhalm, -e**
[ʃtró:halm] 슈트로할름 **빨대**

☐ **das, die Cola, –**
[kó:la] 콜라 **콜라**

☐ **das Sandwich, -es** [sǽnwɪtʃ] 샌드위취
das belegte Brot, die belegten Brote
[das bəlé:ktə bro:t] 다스 벨렉테 브로트 **샌드위치**

Ich esse gerne belegte Brote mit Schinken und Ei.
이히 에쎄 게르네 벨렉테 브로테 미트 쉰켄 운트 아이.
나는 햄에그 샌드위치가 좋아요.

☐ **der Hotdog, –** [hótdɔk] 홋독
das heiße Würstchen, die heißen Würstchen [das haisə vʏ́rstçən]
다스 하이쎄 뷔르스트헨 **핫도그**

1 인간

2 주거

3 수

4 도시

5 교통

6 업무

7 쇼핑

8 스포츠·취미

9 지연

관련 단어

□ **der Snack**, -s [snɛk] 스넥 스낵, 분식

□ **der Imbiss**, -e [ímbɪs] 임비스 간식

□ **die Pizza**, -s, Pizzen [pítsa] 피차 피자

□ **der Toast**, -e, -s Sg [to:st] 토스트
das Toastbrot, -e [to:stbro:t] 토스트브로트 토스트

□ **das Getränk**, -e [ɡətrɛ́ŋk] 게트렝크 음료

□ **der Milchshake**, -s [mílʃeːk] 밀히쉐크 밀크셰이크

□ **das (Speise)eis** Sg [(ʃpáizə)ais] (슈파이제)아이스 아이스크림

□ **lecker** [lɛ́kɐ] 레커 맛있는

□ **süß** [zyːs] 쥐스 달콤한

□ **sauer** [záuɐ] 자우어 신

□ **salzig** [záltsɪç] 잘치히 짠

□ **bitter** [bítɐ] 비터 쓴

□ **scharf** [ʃarf] 샤르프 매운

□ **das Tablett**, -s, -e [tablét] 타블레트 쟁반

Dialog

A: Was darf´s sein?
바스 다르프스 자인?
무엇을 드릴까요?

B: Zwei Cheeseburger-Menüs, bitte!
츠바이 취즈부르거 메뉴스, 비테!
치즈버거 세트 두 개 주세요.

A: Zum hier essen oder zum mitnehmen?
춤 히어 에쓴 오더 춤 미트네멘?
여기서 드실 건가요, 아니면 포장해 가시겠어요?

B: Zum hier essen, bitte.
춤 히어 에쓴, 비테.
먹고 갈 거예요.

Im Restaurant 임 레스토랑 레스토랑에서

□ **das Steak,** -s [ste:k] 스테크 스테이크

□ **der Salat,** -e [zalá:t] 잘라트 샐러드

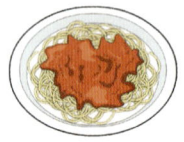

□ **die Spaghetti** Pl.
[ʃpagéti] 슈파게티 스파게티

Wie wäre es heute mit Spaghetti zum Mittagessen?
비 베레 에스 호이테 미트 슈파게티 춤 미탁에쓴?
오늘 점심으로 스파게티 어때?

□ **die Suppe,** -n [zúpə]
주페 수프

Ich hätte gern eine warme Gemüsesuppe.
이히 헤테 게른 아이네 바르메 게뮈제주페.
따뜻한 야채 수프가 먹고 싶어.

□ **das Curry,** -s Sg. [kári, kári] 커리, 카리
der Curryreis Sg. [kárirai:s, kárirai:s]
커리라이스, 카리라이스 카레라이스

Mein Bruder mag keinen Curryreis.
마인 브루더 막 카이넨 커리라이스.
내 동생은 카레라이스를 싫어한다.

□ **die Meeresfrüchte** Pl. [mé:rəsfrʏçtə]
메레스프뤼히테 해산물

In Deutschland gibt es nicht viele Meeresfrüchte-Gerichte.
인 도이췰란트 깁트 에스 니히트 필레 메레스프뤼히테 게리히테.
독일에는 해산물 요리가 많지 않다.

1 인간

2 주거

3 수

4 도시

5 교통

6 업무

7 쇼핑

8 스포츠 · 취미

9 자연

관련 단어

- □ **die Speisekarte**, -n [ʃpáizəkartə] 슈파이제카르테 메뉴
- □ **das Gericht**, -e [gəríçt] 게리히트 요리
- □ **das Kindermenü**, -s [kídɐmeny:] 킨더메뉘 어린이 메뉴
- □ **die Vorspeise**, -n [fó:ɐʃpaizə] 포어슈파이제 애피타이저
- □ **die Nachspeise**, -n [ná:xʃpaizə] 나흐슈파이제
  das Dessert, -n [desɛ́:ɐ̯, desért] 데세어, 데세르트 디저트
- □ **das Barbecue**, -s [bá:ɐ̯bɪkju:] 바르비큐 바비큐
- □ **das Schnitzel**, – [ʃnítsl] 슈니츨
  das Schweinekotelett, -s [ʃváinəkɔtlɛt] 슈바이네커트레트 포크커틀릿, 돈가스
- □ **gut durchgebraten** [gu:t dúrçɡəbra:tn] 구트 두르히게브라튼
  vollgar [fɔ́lga:ɐ̯] 폴가르 웰던, 잘 익힌
- □ **schwach durchgebraten** [ʃvax dúrçɡəbra:tn] 슈바흐 두르히게브라튼
  halbgar [hálpga:ɐ̯] 할프가르 미디엄, 중간 정도로 익힌
- □ **roh** [ro:] 로
  blutig [blú:tɪç] 블루티히 레어, 살짝만 익힌
- □ **die Serviette**, -n [zɛrviétə] 제르비에테 냅킨
- □ **die Rechnung**, -en [réçnʊŋ] 레히눙 계산서

Dialog

A: Möchten Sie bestellen?
뫼히튼 지 베슈텔렌?
주문하시겠어요?

B: Zwei Steaks, bitte!
츠바이 스텍스, 비테!
스테이크 2인분 주세요.

A: Wie möchten Sie Ihr Steak?
비 뫼히튼 지 이어 스테크?
스테이크는 어떻게 해드릴까요?

B: Schwach durchgebraten, bitte.
슈바흐 두르히게브라튼, 비테!
미디엄으로 해주세요.

Deutsche Küche 도이체 퀴헤 **독일 요리**

□ **die Bratwurst,** -würste
[brá:tvʊrst] 브라트부르스트
구운 소시지

□ **die Bockwurst,** -würste
[bɔ́kvʊrst] 복부르스트
데친 작은 소시지

□ **die Currywurst,** -würste
[kárivʊrst, kárivʊrst] 커리(카리)부르스트
카레 소시지

□ **die Bretzel,** -n [brétsl]
브레츨 8자 모양의 빵

□ **das Brötchen,** –
[brɔ́:tçən] 브뢰트헨 작은 빵

□ **marinierter Hering,** marinierte Heringe
[mariní:rtər hé:rɪŋ] 마리니어터 헤링
마리네이드 소스에 절인 청어

118

■ 관련 단어

□ **der Knödel,** – [knǿːdl] 크뇌들 (감자) 경단
□ **das Sauerkraut** 🆂 [záuɐkraut] 자우어크라우트 절인 양배추
□ **der Stollen,** – [ʃtɔ́lən] 슈톨렌 건포도, 아몬드 등을 넣은 크리스마스 케이크
□ **das Vollkornbrot,** -e [fɔ́lkɔrnbroːt] 폴코른브로트 통밀 빵
□ **der Apfelstrudel,** – [ápflʃtruːdl] 압플슈트루들 사과파이
□ **der Milchreis** 🆂 [mílçrais] 밀히라이스 우유 쌀죽
□ **der Schinken,** – [ʃíŋkn] 슁큰 햄

Dialog

A: Was sollen wir essen?
   바스 졸렌 비어 에쓴?
   우리 뭐 먹을까?

B: Keine Ahnung…Uhm…Wie wäre es mit Currywurst?
   카이네 아눙 … 음… 비 베레 에스 미트 커리부르스트?
   글쎄, 카레소시지나 먹을까?

A: Isst du immer nur Currywurst?
   이스트 두 이머 누어 커리부르스트?
   맨날 그것만 먹니?

B: Ich kenne nur das. Dann bestell du eben!
   이히 케네 누어 다스, 단 베슈텔 두 에븐!
   뭐 아는 게 있어야지. 그럼 네가 주문해 봐.

In der Kneipe 인 데어 크나이페 술집에서

□ **der Barkeeper, –**
[báːɐ̯kiːpɐ] 바르키퍼 **바텐더**

□ **der Cocktail, -s** [kɔ́kteːl]
콕텔 **칵테일**

Cocktails sind nicht mein
Geschmack.
콕텔스 진트 니히트 마인 게슈막.
칵테일은 내 취향에 맞지 않는다.

□ **der Wein, -e** Sg. [vain] 바인 **와인**

Wein ist ein relativ
hochprozentiger Alkohol.
바인 이스트 아인 렐라티프 호흐프로첸티거
알코홀.
와인은 은근히 독한 술이다.

□ **das Sodawasser, -wässer** Sg.
[zóːdavasɐ̯] 조다바써 **소다수**

□ **das Fassbier, -e** [fasbiːɐ̯] 파스비어
Bier vom Fass [biːɐ̯ fɔm fas]
비어 폼 파스 **생맥주**

Im (heißen) Sommer ist Bier vom
Fass am besten.
임 (하이쓴) 조머 이스트 비어 폼 파스 암 베스튼.
더운 여름엔 역시 생맥주야.

□ **die Beilage, -n**
[báilaːgə] 바일라게 **안주**

1 인간

2 주거

3 수

4 도시

5 교통

6 업무

7 쇼핑

8 스포츠·취미

9 자연

관련 단어

- □ **der Whisky,** -s [víski] 비스키 위스키
- □ **der Rum,** -s [rʊm] 룸 럼
- □ **der Wodka,** -s [vótka] 보트카 보드카
- □ **der Gin,** -s [ʤɪn] 진 진
- □ **Gin Tonic** [ʤɪn tónɪk] 진 토닉 진토닉
- □ **das Bier,** -e [biːɐ̯] 비어 맥주
- □ **der Sekt,** -e Sg [zékt] 젝트 샴페인
- □ **betrunken sein** [bətrúŋkn zain] 베트룽큰 자인 취하다
- □ **Prost** [proːst] 프로스트
  Zum Wohl [tsʊm voːl] 쯤 볼 건배

Dialog

A: Wir haben schon zu viel getrunken.
  비어 하븐 숀 추 필 게트룽큰.
  우리 너무 많이 마신 거 같아.

B: Quatsch! Lass uns noch ein Glas Bier trinken und
  dann nach Hause gehen!
  크바취! 라스 운스 노흐 아인 글라스 비어 트링큰 운트 단 나흐 하우제 게엔!
  아니야, 맥주 한잔만 더 마시고 가자.

A: Wie bitte? Du wankst ja schon.
  비 비테? 두 방크스트 야 숀.
  무슨 소리야. 벌써 취해서 비틀거리면서.

Im Hotel 임 호텔 호텔에서

□ **das Hauptgebäude, –**
[háuptgəbɔydə] 하우프트게보이데
본관

□ **das Nebengebäude, –**
[né:bngəbɔydə] 네븐게보이데 **별관**

□ **die Empfangshalle, -n**
[empfáŋshalə] 엠팡스할레
die Hotellobby, -s
[hotélləbi] 호텔로비 **로비**

Beeil dich! Ich warte in der
Empfangshalle.
베아일 디히! 이히 바르테 인 데어 엠팡스할레.
빨리 와. 나 지금 로비에서 기다리고 있어.

□ **die Rezeption, -en** [retseptsió:n] 레쳅치온
프런트, 데스크

Hallo, ist da die Rezeption?
할로, 이스트 다 디 레쳅치온?
여보세요. 거기 프런트 데스크죠?

□ **Check-in** [tʃékɪn] 췌크인 **체크인**

□ **ein│checken** [áintʃɛkn] 아인췌큰 **체크인하다**

□ **Check-out** [tʃékaut] 췌크아웃트 **체크아웃**

□ **aus│checken** [áustʃɛkn] 아우스췌큰 **체크아웃하다**

Ich möchte jetzt auschecken.
이히 뫼히테 예츠트 아우스췌큰.
지금 체크아웃하려고 하는데요.

☐ **das Einzelzimmer,** –
[áɪntsltsɪmɐ] 아인츨치머 **싱글룸**

☐ **das Doppelzimmer,** –
[dɔ́pltsɪmɐ] 도플치머 **트윈룸**

☐ **das Trinkgeld,** -er
[tríŋkgɛlt] 트링크겔트 **팁**

Vielen Dank! Das Trinkgeld ist
für Sie.
필렌 당크! 다스 트링크겔트 이스트 퓌어 지.
고마워요. 이건 팁이에요.

☐ **der Hotelpage,** -n
[hotélpa:ʒə] 호텔파제 **남종업원**

☐ **das Zimmermädchen,** –
[tsímɐmɛ:tçən] 치머메트헨 **여종업원**

☐ **der Weckanruf,** -e [vékanru:f] 벡안루프
der Weckdienst, -e [vékdi:nst] 벡딘스트 **모닝콜 서비스**
Ich hätte morgen früh gern einen Weckanruf um 6 Uhr, bitte.
이히 헤테 모르근 프뤼 게른 아이넨 벡안루프 움 젝스 우어, 비테.
내일 아침 여섯 시에 모닝콜 서비스 부탁합니다.

1 인간
2 주거
3 수
4 도시
5 교통
6 업무
7 쇼핑
8 스포츠·취미
9 자연

123

관련 단어

- □ das 5-Sterne Hotel, -s [fы́́nfʃternə hotél] 퓐프슈테르네 호텔
  das Luxushotel, -s [lúksushotɛl] 룩수스호텔 오성급 호텔, 특급 호텔

- □ der Safe, – [seif] 세이프
  das Tresorfach, -fächer [trezóːɐ̯fax] 트레조어파흐 금고

- □ die Gepäckaufbewahrung, -en [gəpékaufbəvaːruŋ]
  게펙아우프베바룽 물품 보관소

- □ die Kasse, -n [kásə] 카쎄 계산대

- □ der Aufzug, -züge [áuftsuːk] 아우프축 엘리베이터

- □ der Korridor, -e [kóridoːɐ̯] 코리도어 복도

- □ ein Zimmer reservieren [ain tsímɐ rezɛrvíːrən] 아인 치머 레저비렌
  (방을) 예약하다

- □ ein freies Zimmer [ain fráiəs tsímɐ] 아인 프라이에스 치머 빈방

- □ der Geldwechsel, – Sg. [géltvɛksl] 겔트벡슬 환전

- □ Geld wechseln [gelt véksln] 겔트 벡슬른 환전하다

- □ ein Babysitter-service [ain béːbizitɐ zóːɐ̯vis] 아인 베비지터 죄어비스
  유아 돌봐드림

- □ Bitte nicht stören! [bítə niçt ʃtǿːrən] 비테 니히트 슈퇴렌
  방문 사절 (문 밖에 걸어 놓음)

A: Ich möchte ein Zimmer reservieren.

이히 뫼히테 아인 치머 레저비렌.

방을 예약하려고 하는데요.

B: Ja, gerne. Für welchen Zeitraum?

야, 게르네. 퓌어 벨헨 차이트라움?

예, 언제 숙박하실 건가요?

A: Diese Woche Freitag bis Sonntag.

디제 보헤 프라이탁 비스 존탁.

이번 주 금요일부터 일요일까지요.

B: Ja, gerne. Für wie viele Personen?

야, 게르네. 퓌어 비 필레 페르조넨?

예, 몇 분이십니까?

A: Für vier Personen. Kann ich zwei Doppelzimmer reservieren?

퓌어 피어 페르조넨. 칸 이히 츠바이 도플치머 레저비렌?

네 명인데요. 트윈룸으로 두 개 예약 가능할까요?

1 인간
2 주거
3 수
4 도시
5 교통
6 업무
7 쇼핑
8 스포츠·취미
9 자연

In der Schule 인 데어 슐레 **학교에서**

❶ das Klassenzimmer, – [klásntsɪmɐ] 클라쓴치머 **교실**

❷ der Lehrer, –, die Lehrerin, -nen [léːrɐ] 레러 **교사**

❸ der Schüler, –, die Schülerin, -nen [ʃýːlɐ] 쉴러 **학생**

❹ der Tisch, -e [tɪʃ] 티쉬 **책상**

❺ der Stuhl, Stühle [ʃtuːl] 슈툴 **의자**

❻ das Schulbuch, -bücher [ʃúːlbuːx] 슐부흐 **교과서**

❼ das Federmäppchen, – [féːdɐmɛpçən] 페더멥헨 **필통**

❽ der Bleistift, -e [bláɪʃtɪft] 블라이슈티프트 **연필**

❾ der Radiergummi, -s [radíː ɐgumi] 라디어구미 **지우개**

❿ der Farbstift, -e [fárpʃtɪft] 파릅슈티프트 **색연필**

⓫ das Lineal, -e [lineáːl] 리네알 **자**

126

⑫ der Globus, Globen, -se [gló:bʊs] 글로부스 지구본

⑬ das Anschlagbrett, -er [ánʃla:kbret] 안슐락브레트 게시판

1 인간
2 주거
3 수
4 도시
5 교통
6 업무
7 쇼핑
8 스포츠·취미
9 자연

관련 단어

□ **der Kindergarten**, -gärten [kíndɐgartn] 킨더가르튼 유치원

□ **die Grundschule**, -n [grúntʃu:lə] 그룬트슐레 초등학교

□ **das Gymnasium**, Gymnasien [gʏmná:ziʊm] 김나지움
인문계 중·고등 통합학교

□ **die Universität**, -en [univɛrzitét] 우니베르지테트 대학교

□ **das Studentenwohnheim**, -e [ʃtudéntnvo:nhaim] 슈투덴튼본하임 기숙사

□ **die Bibliothek**, -en [biblioté:k] 비블리오텍 도서관

□ **die Aula**, Aulen [áula] 아울라 강당

□ **der Sportplatz**, -plätze [ʃpórtplats] 슈포르트플라츠 운동장

□ **die Turnhalle**, -n [túrnhalə] 투른할레 체육관

□ **der Gang**, Gänge [gaŋ] 강 복도

□ **die Toilette**, -n [toalétə] 토알레테 화장실

□ **die Prüfung**, -en [prý:fʊŋ] 프뤼풍 시험

□ **die Hausaufgabe**, -n [háusaufga:bə] 하우스아우프가베 숙제

□ **die Ausbildung** Sg. [áusbɪldʊŋ] 아우스빌둥 교육

□ **lernen** [lérnən] 레르넨 공부하다

□ **zur Schule gehen** [tsu:ɐ ʃú:lə gé:ən] 추어 슐레 게엔 등교하다

□ **nach Hause gehen** [na:x háuzə gé:ən] 나흐 하우제 게엔 하교하다

□ **der Klassenkamerad**, -en, **die Klassenkameradin**, -nen
[klásnkaməra:t] 클라쓴카메라트 급우, 반 친구

das Schulfach, -fächer 슐파흐 과목

* 과목 명칭을 말할 때는 보통 무관사 단수형으로 사용된다.

☐ (die) Geschichte [ɡəʃíçtə] 게쉬히테 역사

Er ist ein Mann, der schon im
Geschichtsbuch geschrieben steht.
에어 이스트 아인 만, 데어 숀 임 게쉬히츠부흐 게슈리븐 슈테트.
그는 이미 역사 교과서에나 나오는 인물이잖아요.

☐ (die) Musik [muzíːk]
무직 음악

☐ Englisch [éŋlɪʃ]
엥리쉬 영어

☐ (die) Biologie [biologíː] 비올로기 생물

Heute geht es im Biologieunterricht um die
Beobachtung des Pflanzenstengels.
호이테 게트 에스 임 비올로기운터리히트 움 디 베옵아흐퉁
데스 플란첸슈텡올스.
오늘 생물 수업은 식물 줄기 관찰입니다.

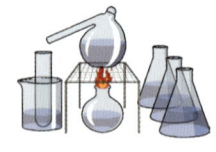

☐ (die) Chemie
[çemíː] 헤미 화학

☐ der Kunstunterricht
[kúnstʊnterɪçt] 쿤스트운터리히트 미술

Ich mag den Kunstunterricht.
이히 막 덴 쿤스트운터리히트.
나는 미술 과목을 좋아한다.

☐ (der) Sport [ʃpɔ́rt]
슈포르트 체육

128

1 인간

2 주거

3 수

4 도시

5 교통

6 업무

7 쇼핑

8 스포츠 · 취미

9 자연

관련 단어

- □ (die) Mathematik [matematí:k] 마테마틱 수학
- □ (die) Philosophie [filozofí:] 필로조피 철학
- □ Deutsch [dɔytʃ] 도이취 독일어
- □ (die) Sozialkunde [zotsiá:lkʊndə] 조치알쿤데 사회
- □ (die) Geografie [geografí:] 게오그라피
  (die) Erdkunde [é:gtkʊndə] 에르트쿤데 지리
- □ (der) Aufsatz [áufzats] 아우프자츠 작문
- □ (der) Moralunterricht [morá:lʊntɐriçt] 모랄운터리히트 도덕
- □ (die) Religionslehre [religió:nsle:rə] 렐리기온스레레 종교학
- □ (die) Weltgeschichte [véltgəʃíçtə] 벨트게쉬히테 세계사
- □ (die) Wirtschaftslehre [vírtʃaftsle:rə] 비르트샤프츠레레 경제학
- □ (die) Psychologie [psyçologí:] 프시효로기 심리학
- □ (die) Physik [fyzí:k] 퓌직 물리학
- □ (die) Informatik [ɪnfɔrmá:tɪk] 인포르마틱 컴퓨터 과학

Dialog

A: Jinsu hat heute in der Weltgeschichtsprüfung die Note 1 bekommen.
진수 하트 호이테 인 데어 벨트게쉬히츠프뤼풍 디 노테 아인스 베코멘.
진수는 오늘 세계사 시험 백점 맞았대.

B: Ach ja? Welche Note hast du?
아흐 야? 벨헤 노테 하스트 두?
그래? 넌 몇 점인데?

A: Ich schäme mich, es zu sagen. Frag lieber nicht! Morgen will ich dafür eine gute Note in der Mathematikprüfung schreiben.
이히 쉐메 미히, 에스 추 자근. 프락 리버 니히트! 모르근 빌 이히 다퓌어 아이네 구테 노테 인 데어 마테마틱프뤼풍 슈라이븐.
말하기 창피하다. 묻지 마. 내일 수학 시험이나 잘 봐야지.

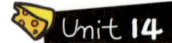

□ die Polizei, -en ^{Sg} [politsái] 폴리차이
der Polizist, -en, die Polizistin, -nen
[politsíst] 폴리치스트 경찰

□ die Pistole, -n [pistó:lə]
피스톨레 **권총**

□ der Beweis, -e [bəváis] 베바이스 증거
Er wurde aus Mangel an Beweisen
freigesprochen.
에어 부르데 아우스 망엘 안 베바이즌 프라이게슈프로헨.
그는 증거 불충분으로 풀려났다.

□ die Gewalttat, -en
[gəváltta:t] 게발트타트 **폭행**

□ das Opfer, — [ɔ́pfɐ]
오퍼 **피해자**

□ der Dieb, -e [di:p] 딥 **도둑**
Der Dieb wurde
festgenommen, als er über
den Zaun springen wollte.
데어 딥 부르데 페스트게노멘. 알스
에어 위버 덴 차운 슈프링겐 볼테.
그 도둑은 담을 넘으려다가 잡혔다.

□ die Verhaftung, -en [fɛɐ̯háftuŋ] 페어하프퉁
die Festnahme, -n [fɛstná:mə] 페스트나메 **체포**

□ verhaften [fɛɐ̯háftn] 페어하프튼
fest|nehmen [fɛstné:mən] 페스트네멘 **체포하다**

130

1 인간

2 주거

3 수

4 도시

5 교통

6 업무

7 쇼핑

8 스포츠 · 취미

9 자연

관련 단어

- □ die Polizeiwache, -n [politsáivaxə] 폴리차이바헤 **파출소**
- □ die Kriminalpolizei ^{Sg.} [kriminá:lpolitsai] 크리미날폴리차이 **형사**
- □ die Handschellen ^{Pl.} [hántʃelən] 한트쉘렌 **수갑**
- □ der Augenzeuge, -n [áugntsɔygə] 아우근초이게 **목격자**
- □ der Verbrecher, – [feɐ̯bréçɐ] 페어브레허
  der Täter, – [té:tɐ] 테터 **범인**
- □ das Verbrechen, – [feɐ̯bréçən] 페허브레헨 **범죄**
- □ morden [mɔ́rdn] 모르든
  einen Mord begehen [áinən mɔrt bəgé:ən] 아이넨 모르트 베게엔
  살인하다
- □ stehlen [ʃté:lən] 슈텔렌 **훔치다**
- □ der Taschendieb, -e [táʃndi:p] 타쉰딥 **소매치기**
- □ der Räuber, – [rɔ́ybɐ] 로이버 **강도**
- □ die Vergewaltigung, -en [feɐ̯gəváltɪgʊŋ] 페어게발티궁 **강간**
- □ die Entführung, -en [ɛntfý:rʊŋ] 엔트퓌룽 **유괴**
- □ der Betrug, Betrüge [bətrú:k] 베트룩 **사기**
- □ die Bestechung, -en [bəʃtéçʊŋ] 베슈테훙 **뇌물**

Dialog

A: Stimmt es, dass der Räuber gefasst worden sein soll?
슈팀트 에스, 다스 데어 로이버 게파스트 보르든 자인 졸?
그 강도 사건의 범인은 잡혔다는 게 사실이야?

B: Noch nicht. Es gibt keine Augenzeugen und es
wurden auch keine Spuren gefunden.
노흐 니히트, 에스 깁트 카이네 아우근초이근 운트 에스 부르든 아우흐 카이네
슈푸렌 게푼든.
아직 목격자도 없고, 아무런 단서도 찾지 못했대.

die Religion, -en 렐리기온 종교

□ **der buddhistische Tempel,**
die buddhistischen Tempel
[deːɐ̯ bʊdístɪʃə témpl] 데어 부디스티쉐 템플 절

Meine Großmutter besucht oft einen
buddhistischen Tempel, um eine
buddhistische Messe zu halten.
마이네 그로스무터 베주호트 오프트 아이넨
부디스티쉔 템플, 움 아이네 부디스티쉐 메쎄 추 할튼.
할머니는 불공드리러 절에 자주 가신다.

□ **der Buddhismus** Sg.
[bʊdísmʊs] 부디스무스 불교

□ **der Buddhist, -en,**
die Buddhistin, -nen
[bʊdíst] 부디스트 불교 신자

□ **der Katholizismus** Sg. [katolitsísmʊs]
카톨리치스무스 천주교

□ **der Katholik, -en, die Katholikin, -nen**
[katolíːk] 카톨릭 천주교 신자

Er ist ein sehr strenger Katholik.
에어 이스트 아인 제어 슈트렝어 카톨릭.
그 사람 아주 독실한 천주교 신자야.

□ **das Christentum** Sg.
[krístntʊm] 크리스튼툼 기독교

□ **der Christ, -en, die Christin, -nen**
[kríst] 크리스트 기독교 신자

□ **die evangelische Kirche, -n** Sg.
[di: evaŋgéliʃə kírçə] 디 에방겔리쉐 키르헤 교회

□ **die katholische Kirche, -n** Sg.
[di: katóliʃə kírçə] 디 카톨리쉐 키르헤 성당

1 인간
2 주거
3 수
4 도시
5 교통
6 업무
7 쇼핑
8 스포츠·취미
9 자연

관련 단어

- □ der Gott, Götter [gɔt] 고트 신
- □ Jesus Christus [jéːzʊs krístʊs] 예주스 크리스투스
  der Sohn Gottes [deːɐ̯ zoːn gɔ́təs] 데어 존 고테스 예수
- □ Buddha [búda] 부다 부처
- □ der Himmel Sg [híml] 히믈 천국
- □ die Hölle Sg [hǽlə] 횔레 지옥
- □ die Bibel, -n [bíːbl] 비블 성경
- □ die Heilige Schriften des Buddhismus PL
  [diː háilɪgə ʃríftn dɛs bʊdísmʊs] 디 하일리게 슈리프튼 데스 부디스무스 불경
- □ die Buddhastatue, -n [búdaʃtaːtuə] 부다슈타투에 불상
- □ der Gottesdienst, -e [gɔ́təsdiːnst] 고테스딘스트 예배
- □ beten [béːtn] 베튼 기도하다
- □ die Messe, -n [mésə] 메쎄 미사
- □ das Kreuz, -e [krɔyts] 크로이츠 십자가
- □ die Hymne, -n [hýmnə] 힘네 찬송가
- □ der Pater, – [páːtɐ] 파터 목사
- □ der Pfarrer, – [pfárɐ] 파러 신부
- □ die Nonne, -n [nɔ́nə] 노네 수녀
- □ der buddhistische Mönch, -e [deːɐ̯ bʊdístɪʃə mœnç]
  데어 부디스티쉐 묀히 승려
- □ der Islam Sg [ɪsláːm] 이슬람 이슬람교
- □ der Hinduismus Sg [hɪnduísmʊs] 힌두이스무스 힌두교
- □ das Judentum Sg [júːdntʊm] 유든툼 유대교

133

1 다음 그림과 단어를 연결해 보세요.

· · · ·

· · · ·

Krankenhaus   Schule   Bibliothek   Kino

2 다음 단어의 뜻을 써보세요.

a) Brief _____   Briefmarke _____

Briefträger _____   Paket _____

b) Arzt _____   Krankenschwester _____

Patient _____   Apotheker _____

c) Tablette _____   Salbe _____

Grippe _____   Erkältung _____

Wunde _____   Blase _____

3 다음 보기에서 단어를 골라 빈칸에 써넣어 보세요.

a) Sparen   Geheimzahl   Geldschein   unterschreiben

b) Donut   Hamburger   Tablett   Hotdog

a) 지폐 _____   저금 _____   서명하다 _____   비밀번호 _____

b) 핫도그 _____   도넛 _____   햄버거 _____   쟁반 _____

다음 그림과 단어를 연결해 보세요.

·	·	·	·	·
·	·	·	·	·
Steak	Salat	Suppe	Curry	Meeresfrüchte

5 다음 단어를 독일어 혹은 우리말로 고쳐 보세요.

a) 맥주 _____   칵테일 _____

   Wein _____   건배 _____

b) 로비 _____   ein Zimmer reservieren _____

   Weckanruf _____   팁 _____

6 다음 보기에서 단어를 골라 빈칸에 써넣어 보세요.

a) Radiergummi   Klassenkamerad   Lineal
   Schulbuch   Stuhl
b) Mathematik   Geschichte   Naturwissenschaften
   Musik   Biologie

a) 급우 _____   자 _____   지우개 _____

   의자 _____   교과서 _____

b) 역사 _____   과학 _____   수학 _____

   생물 _____   음악 _____

7 다음 빈칸에 알맞은 단어의 뜻을 써넣어 보세요.

a) Dieb _____   Gewalttät _____

Verbrechen _____   Verhaftung _____

Beweis _____   Stehlen _____

b) Christentum _____   Buddhismus _____

Himmel _____   Hölle _____

Bibel _____   Hymne _____

8 다음 빈칸에 알맞은 독일어를 써넣어 보세요.

a) 열이 있습니까?   Haben Sie _____?

b) 계좌를 만들고 싶어요.   Ich möchte ein _____ eröffnen.

c) 내가 주문할게. (식당에서)   Ich werde _____.

d) 내가 가장 좋아하는 과목은 체육입니다.

Mein Lieblings _____ ist _____ .

 정답

1 영화관 – Kino   병원 – Krankenhaus   학교 – Schule   도서관 – Bibliothek

2 a) 편지   우표   집배원   소포

     b) 의사   간호사   환자   약사

     c) 알약   연고   독감   감기   상처   물집

3 a) Geldschein   Sparen   unterschreiben   Geheimzahl

     b) Hotdog   Donut   Hamburger   Tablett

4 수프 – Suppe   샐러드 – Salat   해산물 – Meeresfrüchte

     스테이크 – Steak   카레라이스 – Curry

5 a) Bier   Cocktail   와인   Prost

     b) Empfangshalle   방을 예약하다   모닝콜 서비스   Trinkgeld

6 a) Klassenkamerad   Lineal   Radiergummi   Stuhl   Schulbuch

     b) Geschichte   Naturwissenschaften   Mathematik   Biologie   Musik

7 a) 도둑   폭행   범죄   체포   증거   훔치다

     b) 기독교   불교   천국   지옥   성경   찬송가

8 a) Fieber   b) GiroKonto   c) bestellen   d) schulfach, Sport

Theme 5

→ **Verkehr** 페어케어 교통

1 인간
2 주거
3 수
4 도시
5 교통
6 업무
7 쇼핑
8 스포츠·취미
9 자연

das Verkehrsmittel, – 페어케어스 미텔 **교통수단**

☐ **der Zug,** Züge
[tsu:k] 축 기차, 열차

☐ **die U-Bahn,** -en [úːbaːn] 우반 **지하철**

Lass uns aufgrund des Staus besser
mit der U-Bahn fahren!
라스 운스 아우프그룬트 데스 슈타우스 베써 미트
데어 우반 파렌!
길이 막히니 지하철 타고 가자.

☐ **der ICE**(Inter City Express), –, -s [iːtseːé] 이체에
der Schnellzug, -züge [ʃnéltsuːk] 슈넬축
고속 열차

☐ **das Auto,** -s [áuto] 아우토
der PKW(Personenkraftwagen), -s
[péːkaːveː, peːkaːvé:] ([pɛrzóːnənkraftvaːgn])
페카베(페르조넨크라프트바근) **자동차**

☐ **der LKW**(Lastkraftwagen), -s [élkaːve, ɛlkaːvé:] ([lástkraftvaːgn])
엘카베(라스트크라프트바근) **트럭**

Ich glaube, wir brauchen einen LKW, um das viele Gepäck zu transportieren.
이히 글라우베, 비어 브라우흔 아이넨 엘카베, 움 다스 필레 게팩 추 트란스포르티렌.
짐이 너무 많아서 트럭이 있어야 할 거 같아.

☐ **das Motorrad,** -räder
[móːtoɡraːt] 모토어라트 **오토바이**

☐ **der Bus,** -se [bus]
부스 **버스**

138

□ **das Fahrrad,** -räder [fáːɡraːt]
파르라트 자전거

Mein Fahrrad, das ich vor der Wohnung
abgestellt habe, ist nicht mehr da.
마인 파르라트, 다스 이히 포어 데어 보눙 압게슈텔트
하베, 이스트 니히트 메어 다.
집 앞에 세워둔 자전거가 없어졌다.

□ **der Motorroller,** – [móːtoːɡrɔlɐ]
모토어롤러 스쿠터

Das ist der Motorroller, den mein
älterer Bruder gefahren hat.
다스 이스트 데어 모토어롤러, 덴 마인 앨터러
브루더 게파렌 하트.
이 스쿠터는 형이 타던 것이다.

□ **das Flugzeug,** -e [flúːktsɔyk]
플룩초이크 비행기

□ **der Hubschrauber,** –
[húːpʃraubɐ] 훕슈라우버 헬리콥터

□ **der Heißluftballon,** -e
[háisluftbalɔŋ] 하이스루프트발롱
기구

□ **die Yacht,** -en
[jaxt] 야흐트 요트

□ **das Schiff,** -e [ʃɪf] 쉬프 배

Das Schiff fährt nach Hamburg.
다스 쉬프 페르트 나흐 함부르크.
이 배는 함부르크로 갑니다.

1 인간
2 주거
3 수
4 도시
5 교통
6 업무
7 쇼핑
8 스포츠·취미
9 자연

das Fahrrad, -räder 파르라트 자전거

❶ der Lenker, – [léŋkɐ] 렝커 핸들

❷ der Bremshebel, – [brémshe:bl] 브렘스헤블 브레이크 레버

❸ der Sattel, Sättel [zátl] 자틀 안장

❹ der Rahmen, – [rá:mən] 라멘 프레임

❺ die Speiche, -n [ʃpáiçə] 슈파이헤 바퀴살

❻ der Reifen, – [ráifn] 라이픈 타이어

❼ die Kette, -n [kétə] 케테 체인

8 das Pedal, -e [pedá:l] 페달 페달

9 die Nabe, -n [ná:bə] 나베 바퀴축

10 die Gangschaltung, -en [gánʃaltʊŋ] 강샬퉁 기어(톱니바퀴)

11 die Felge, -n [félgə] 펠게 바퀴테(금속 부분)

관련 단어

□ das Rad, Räder [ra:t] 라트 바퀴

□ das Ventil, -e [ventí:l] 벤틸 공기 주입구

□ die Luftpumpe, -n [lúftpʊmpə] 루프트품페 공기 펌프

□ der Schlauch, Schläuche [ʃlaux] 슐라우흐 튜브

□ das Vorderlicht, -er [fɔ́rdɐlɪçt] 포르더리히트 헤드라이트

□ das Rücklicht, -er [rýklɪçt] 뤽리히트 미등

□ das Mountainbike, -s [máʊntnbaik] 마운튼바이크 산악용 자전거

□ das Cityrad, -räder [sítira:t] 시티라트 일반 자전거

□ der Radweg, -e [rá:tve:k] 라트벡 자전거 전용 도로

Dialog

A: Mein Reifen scheint geplatzt zu sein. Die Luft geht so schnell raus.
마인 라이픈 샤인트 게플라츠트 추 자인. 디 루프트 게트 조 슈넬 라우스.
내 자전거 타이어가 펑크났나 봐. 금세 바람이 빠지네.

B: Dann wäre es besser, zu einer Fahrradwerkstatt zu gehen.
단 베레 에스 베써, 추 아이너 파르라트베르크슈타트 추 게엔.
그럼, 수리점에 가 봐야겠다.

das Motorrad, -räder 모토어라트 **오토바이**

❶ der Lenker, – [léŋkɐ] 렝커 핸들

❷ der Rückspiegel, – [rýkʃpiːɡl] 뤽슈피글 백미러

❸ der Kraftstofftank, -s [kráftʃtɔftaŋk] 크라프트슈토프탕크 연료 탱크

❹ der Sattel, Sättel [zátl] 자틀 안장

❺ der Scheinwerfer, – [ʃáinverfɐ] 샤인베르퍼 헤드라이트

❻ das Rücklicht, -er [rýklɪçt] 뤽리히트 미등

❼ der Auspuff, -e [áuspʊf] 아우스푸프 배기관

❽ das Pedal, -e [pedáːl] 페달 페달

❾ der Motor, -en [mó:toːɐ̯, moːtóːɐ̯] 모토어 엔진

❿ der Reifen, – [ráifn] 라이픈 타이어

⓫ die Bremse, -n [brémzə] 브렘제 브레이크

⓬ der Kotflügel, – [kó:tfly:gl] 코트플뤼글 흙받이

⓭ der Rücksitz, -e [rýkzɪts] 뤽지츠 뒷안장

⓮ der Stoßdämpfer, – [ʃtó:sdɛmpfɐ] 슈토스뎀퍼
   die Federung, -en [fé:dərʊŋ] 페더룽 완충 장치

관련 단어

□ **der Helm,** -e [hélm] 헬름 헬멧

□ **die Steuerung,** -en [ʃtóyərʊŋ] 슈토이어룽 제어 장치

□ **die Batterie,** -n [batərí:] 바테리 배터리

□ **die Motorradbrille,** -n [mó:to:ɐ̯ra:tbrɪlə] 모토어라트브릴레
   오토바이 안경

Dialog

A: Wow, ist ja toll! Hast du das Motorrad neu gekauft?
   바우, 이스트 야 톨! 하스트 두 다스 모토어라트 노이 게카우프트?
   야, 멋지다. 이 오토바이 새로 산 거야?

B: Ja. Ich hab's gestern gekauft.
   야. 이히 합스 게스터른 게카우프트.
   응. 바로 어제 샀어.

A: Darf ich es einmal ausprobieren?
   다르프 이히 에스 아인말 아우스프로비렌?
   나 한번 타보면 안 될까?

das Auto, -s , der PKW, -s 아우토, 페카베 **자동차**

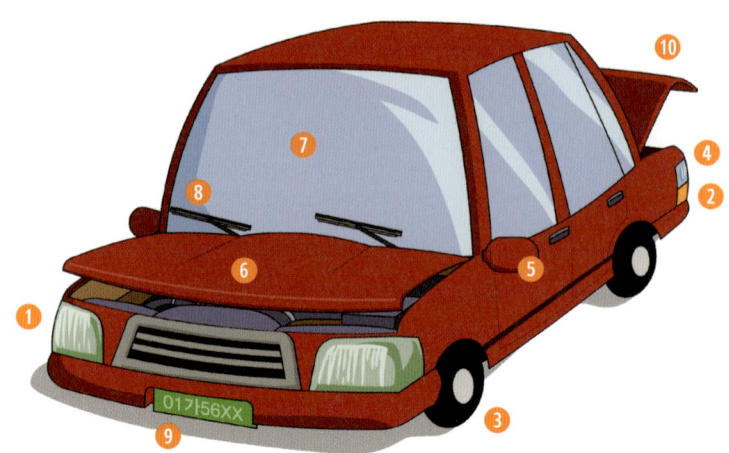

❶ der Scheinwerfer, – [ʃáinvɛrfɐ] 샤인베르퍼 헤드라이트

❷ der Blinker, – [blíŋkɐ] 블링커 방향등

❸ der Reifen, – [ráifn] 라이픈 타이어

❹ das Rücklicht, -er [rýklɪçt] 뤽리히트 미등

❺ der Außenspiegel, – [áusnʃpi:gl] 아우쓴슈피글 사이드미러

❻ die Motorhaube, -n [mó:to:ɐhaubə] 모토어하우베 보닛

❼ die Windschutzscheibe, -n [víntʃutsʃaibə] 빈트슈츠샤이베 앞유리

❽ der Scheibenwischer, – [ʃáibnvɪʃɐ] 샤이븐비셔 와이퍼

❾ das Nummernschild, -er [nómɐnʃɪlt] 누머른쉴트 번호판

❿ der Kofferraum, -räume [kɔ́fɐraum] 코퍼라움 트렁크

144

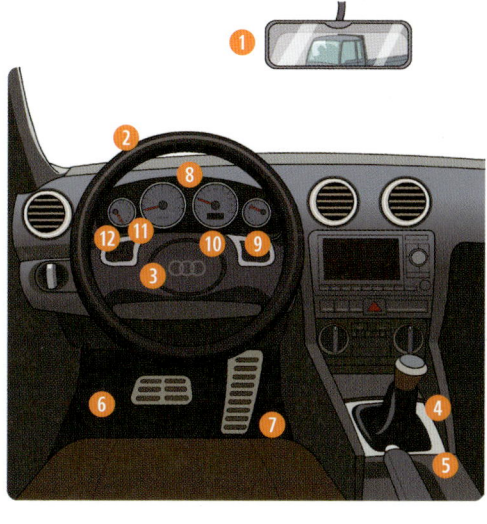

❶ der Rückspiegel, – [rýkʃpiːgl] 뤽슈피글 (차내) 백미러

❷ das Lenkrad, -räder [léŋkraːt] 렝크라트 핸들, 운전대

❸ die Autohupe, -n [áutohuːpə] 아우토후페 경적, 클랙슨

❹ der Gang, Gänge [gaŋ] 강 기어, 변속 손잡이

❺ die Feststellbremse, -n [féstʃtɛlbrɛmzə] 페스트슈텔브렘제
　 die Handbremse, -n [hántbrɛmzə] 한트브렘제 사이드브레이크

❻ das Bremspedal, -e [brémspedaːl] 브렘스페달
　 die Fußbremse, -n [fúːsbrɛmzə] 푸스브렘제 브레이크

❼ das Gaspedal, -e [gaspedáːl] 가스페달 가속 페달

❽ das Armaturenbrett, -er [armatúːrənbrɛt] 아르마투렌브레트 계기판

❾ die Tankanzeige, -n [táŋkantsaigə] 탕크안차이게 연료 표시등

❿ das Tachometer, – [taxoméːtɐ] 타호메터 속도계

⓫ der Drehzahlmesser, – [dréːtsaːlmɛsɐ] 드레찰메써 회전 속도계

⓬ der Kilometerzähler, – [kilometɐtsɛːlɐ] 킬로메터첼러 주행 기록계

1 인간
2 주거
3 수
4 도시
5 교통
6 업무
7 쇼핑
8 스포츠·취미
9 자연

관련 단어

- □ das Notlicht, -er [nó:tlıçt] 노트리히트
  die Notbeleuchtung, -en [nó:tbələyçtʊŋ] 노트베로이히퉁 비상등
- □ die Batterie, -n [batərí:] 바테리 배터리
- □ der Airbag, -s [έ:ɐ̯bɛk] 에어백 에어백
- □ der Sicherheitsgurt, -e [zíçɐhaitsgʊrt] 지허하이츠구르트 안전벨트
- □ eine Reifenpanne haben [áinə ráifnpanə há:bn] 아이네 라이픈파네 하븐
  einen platten Reifen haben [áinən plátn ráifn há:bn]
  아이넨 플라튼 라이픈 하븐 (타이어가) 펑크 나다
- □ das Motoröl, -e [mó:to:ɐ̯ø:l] 모토어욀 엔진 오일
- □ die Autowerkstatt, -werkstätten [áutoverkʃtat] 아우토베르크슈타트
  자동차 수리 센터
- □ die Autoreparatur, -en [áutoreparatu:ɐ̯] 아우토레파라투어
  자동차 수리
- □ unerlaubtes Parken [únɛɐ̯lauptəs párkn]
  운에어라웁테스 파르큰 주차위반
  falsch parken [falʃ párkn] 팔쉬 파르큰 주차 위반하다
- □ der Strafzettel, — [ʃtráːftsɛtl] 슈트라프체틀 위반 통고장
- □ der Abschleppwagen, — [ápʃlɛpva:gn] 압슐렙바근 견인차
- □ die Tankstelle, -n [táŋkʃtɛlə] 탕크슈텔레 주유소
- □ das Benzin, -e ⒮ [bɛntsí:n] 벤친 휘발유
- □ der Diesel, — ⒮ [díːzl] 디즐 경유
- □ die Autowäsche, -n [áutovɛʃə] 아우토베쉐 세차
- □ die Autowaschanlage, -n [áutovaʃanla:gə] 아우토바쉬안라게 세차장
- □ der Autounfall, -unfälle [áutoʊnfal] 아우토운팔 교통사고
- □ der Führerschein, -e [fýːrɐʃain] 퓌러샤인 면허증

1 인간

2 주거

3 수

4 도시

5 교통

6 업무

7 쇼핑

8 스포츠·취미

9 자연

독일어 문화엿보기 | 독일연방철도(Deustche Bahn)

독일 연방 철도는 장거리 기차와 근거리 기차로 구분할 수 있는데, 대표적인 장거리 기차로는 ICE(InterCityExpress), IC(InterCity), EC(EuroCity)가 있다. ICE는 초고속열차로 주요 거점 대도시에, IC는 이보다 조금 더 많은 대도시, EC는 독일의 주요 역뿐만 아니라 유럽 각국을 연결한다. 근거리 기차는 RB(Regionalbahn), RE(Regionalexpress), SE(Stadtexpress), S−Bahn(Stadtschnellbahn)이 있는데, 대도시 주변의 작은 도시들을 연결한다.

Dialog

A: **Kontrollieren Sie mein Auto, bitte!**
콘트롤리렌 지 마인 아우토, 비테!
차 좀 점검해 주세요.

B: **Welches Problem haben Sie?**
벨헤스 프로블렘 하븐 지?
어떤 문제가 있나요?

A: **Der Gang geht nicht richtig. Und der Motor klingelt komisch.**
데어 강 게트 니히트 리히티히. 운트 데어 모토어 클링엘트 코미쉬.
기어 변속이 잘 안 되네요. 또 엔진에서 이상한 소리가 나는 거 같고요.

- -

A: **Hier in der Nähe habe ich eine Autowerkstatt gesehen.**
히어 인 데어 네에 하베 이히 아이네 아우토베르크슈타트 게제엔.
이 근처에 자동차 수리 센터가 있었는데.

B: **Warum?**
바룸?
왜요?

A: **Ich möchte das Motoröl wechseln lassen.**
이히 뫼히테 다스 모토어욀 벡슬른 라쓴.
엔진 오일 좀 교환하려고.

die Straße, -n 슈트라쎄 <u>도로</u>

❶ die Innenspur, -en [ínənʃpuːɐ̯] 이넨슈푸어 **1차선**

❷ die mittlere Spur, -en [di: mítlərə ʃpuːɐ̯] 디 미틀러레 슈푸어 **2차선**

❸ die Überholspur, -en [ýːbɐhoːlʃpuːɐ̯] 위버홀슈푸어 **3차선**

☐ **die Leitplanke, -n**
[láitplaŋkə] 라이트플랑케
가드레일

☐ **die Mautstelle, -n**
[máutʃtelə] 마우트슈텔레
톨게이트

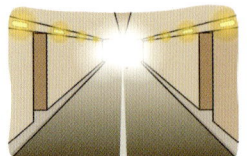

☐ **die Unterführung, -en**
[ʊntɐfýːrʊŋ] 운터퓌룽 **지하도**

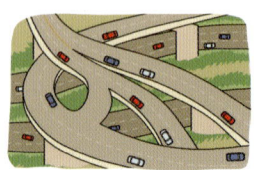

☐ **die Überführung, -en**
[yːbɐfýːrʊŋ] 위버퓌룽 **고가도로**

□ die Einbahnstraße, -n
[áinba:nʃtra:sə] 아인반슈트라쎄
일방통행로

□ die Schotterstraße, -n
[ʃótɐʃtra:sə] 쇼터슈트라쎄
비포장도로

□ die Gasse, -n [gásə] 가쎄 골목
Unser Haus ist gleich da vorne in
dieser Gasse.
운저 하우스 이스트 글라이히 다 포르네 인 디저 가쎄.
이 골목으로 들어가면 바로 우리 집이야.

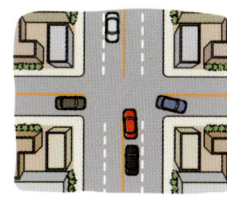

□ die Kreuzung, -en [krɔ́ytsʊŋ]
크로이충 교차로, 사거리
Auf der Kreuzung gab es einen
Unfall.
아우프 데어 크로이충 갑 에스 아이넨 운팔.
교차로에서 사고가 난 것 같다.

□ der Zebrastreifen, –
[tsé:braʃtraifn] 체브라슈트라이픈
der Fußgängerüberweg, -e
[fú:sgɛŋɐy:bɐve:k] 푸스겡어위버벡
횡단보도

□ der Bürgersteig, -e
[bу́rgɐʃtaik] 뷔르거슈타이크
der Fußweg, -e
[fú:sve:k] 푸스벡
인도, 보도

1 인간
2 주거
3 수
4 도시
5 교통
6 일무
7 쇼핑
8 스포츠·취미
9 자연

□ **die Bushaltestelle, -n**

[búshaltəʃtelə] 부스할테슈텔레 **버스 정류소**

Treffen wir uns um 14 Uhr an der
Bushaltestelle!

트레픈 비어 운스 움 피어첸 우어 안 데어
부스할테슈텔레!

우리 두 시에 버스 정류소에서 만나.

□ **der Parkplatz, -plätze**

[párkplats] 파르크플라츠 **주차장**

Ich konnte nicht auf den Parkplatz
fahren, weil er schon voll belegt war.

이히 콘테 니히트 아우프 덴 파르크플라츠 파렌,
바일 에어 숀 폴 벨렉트 바르.

주차장이 꽉 차서 들어갈 수 없었다.

□ **das Verkehrszeichen, –**

[fɛɐ̯ké:ɐ̯stsaiçən] 페어케어스차이헨
도로 표지

□ **die Ampel, -n** [ámpl] 암플 **신호등**

Warte! Man darf die Straße erst
überqueren, wenn die Ampel grün ist.

바르테! 만 다르프 디 슈트라쎄 에르스트
위버크베렌, 벤 디 암플 그륀 이스트.

좀 기다려. 신호등이 켜지면 건너야지.

□ **die Straßenlaterne, -n** [ʃtrá:snlatɛrnə]

슈트라쎈라테르네 **가로등**

Hier ist es sehr dunkel, weil die
Straßenlaterne kaputt ist.

히어 이스트 에스 제어 둥클, 바일 디 슈트라쎈라테르네
카푸트 이스트.

가로등이 고장나서 주변이 어둡다.

1 인간

2 주거

3 수

4 도시

5 교통

6 업무

7 쇼핑

8 스포츠·취미

9 자연

관련 단어

- □ **das Stadtzentrum**, -zentren [ʃtáttsɛntrʊm] 슈타트첸트룸 번화가
- □ **die Hauptstaße**, -n [háuptʃtraːsə] 하우프트슈트라쎄 큰길
- □ **die Umleitung**, -en [úmlaitʊŋ] 움라이퉁 우회 도로
- □ **der Mittelstreifen**, – [mítlʃtraifn] 미틀슈트라이픈 중앙 분리대
- □ **Auto fahren** [áuto fáːrən] 아우토 파렌 운전하다
- □ **geradeaus(fahren)** [gərɑːdəáus]([fáːrən]) 게라데아우스(파렌) 직진
- □ **links(ab∣biegen)** [lɪŋks]([ápbiːgn]) 링크스(압비근) 좌회전
- □ **rechts(ab∣biegen)** [rɛçts]([ápbiːgn]) 레히츠(압비근) 우회전
- □ **der Verkehrsunfall**, -unfälle [fɛɐ̯kéːɐ̯sunfal] 페어케어스운팔 교통사고
- □ **der Stau**, -s [ʃtau] 슈타우 교통체증
- □ **Einfahrt verboten** [áinfaːɐ̯t fɛɐ̯bóːtn] 아인파르트 페어보튼 통행금지
- □ **die Baustelle**, -n [báuʃtɛlə] 바우슈텔레 공사중
- □ **das Tempolimit**, -s [témpolɪmɪt] 템포리미트 제한 속도
- □ **die Richtung**, -en [ríçtʊŋ] 리히퉁 방향

Dialog

A: Ich glaube, das Stadtzentrum ist hier ganz in der Nähe.
이히 글라우베, 다스 슈타트첸트룸 이스트 히어 간츠 인 데어 네에.
이쯤에서 번화가가 나올 것 같은데.

B: Da ist ein Verkehrszeichen. Wir müssen über die Ampel fahren und an der nächsten Hauptstraße rechts abbiegen.
다 이스트 아인 페어케어스차이헨. 비어 뮈쓴 위버 디 암플 파렌 운트 안 데어 네히스튼 하우프트슈트라쎄 레히츠 압비근.
저기 도로 표지가 있어. 신호등 지나 다음 큰길에서 우회전하면 되겠다.

A: Aber hier staut es sich immer!
아버 히어 슈타우트 에스 지히 이머!
그런데 여긴 정말 교통 체증이 심하구나.

der Zug, Züge 축 **기차**

□ **der Bahnhof,** -höfe
[báːnhoːf] 반호프 **기차역**

Am Bahnhof wimmelte es von
vielen Menschen.
암 반호프 빔믈테 에스 폰 필렌 멘쉰.
기차역은 많은 사람들로 북적대고 있었다.

□ **das Abteil,** -e [aptáil, áptail]
압타일 **객실**

□ **der Sitzplatz,** -plätze [zítsplats] 지츠플라츠 **좌석**

□ **der Fensterplatz,** -plätze [fénstɐplats] 펜스터플라츠 **창가 쪽 좌석**

□ **der Gangplatz,** -plätze [gáŋplats] 강플라츠 **통로 쪽 좌석**

Geben Sie mir bitte einen Fensterplatz, falls es möglich ist!
게븐 지 미트 비테 아이넨 펜스터플라츠, 팔스 에스 뫼클리히 이스트!
가능하면 창가 쪽 좌석으로 주세요.

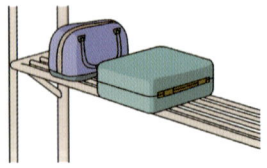

□ **die Gepäckablage,** -n
[gəpékaplaːgə] 게펵압라게 **수화물 선반**

□ **der Schlafwagen,** –
[ʃláːfvaːgn] 슐라프바근 **침대차**

der Bahnhof, -höfe 반호프 기차역

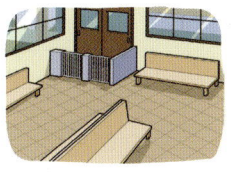

□ **der Warteraum**, -räume
[vártəraum] 바르테라움 **대합실**

Im Warteraum schlummert eine alte Frau.
임 바르테라움 슐룸머르트 아이네 알테 프라우.
대합실에서 할머니 한 분이 졸고 계신다.

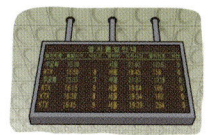

□ **der Fahrplan**, -pläne
[fáːɐ̯plaːn] 파르플란 **기차 시간표**

□ **das Liniennetz**, -e
[líːniənnets] 리니엔네츠 **노선도**

□ **der Fahrkartenautomat**, -en
[fáːɐ̯kartnautomaːt] 파르카르튼아우토마트
승차권 판매기

□ **der Eingang**, Eingänge
[áingaŋ] 아인강 **입구**

□ **der Schaffner**, – [ʃáfnɐ]
샤프너 **검표원**

□ **die Information** , -en [ɪnfɔrmatsióːn] 인포르마치온
die Auskunft, Auskünfte [áuskʊnft] 아우스쿤프트 **안내소**

관련 단어

☐ die Lokomotive, -n [lokomotíːvə] 로코모티베 기관차

☐ die Eisenbahn, -en [áiznbaːn] 아이즌반 철도

☐ das Gleis, -e [glais] 글라이스 선로

☐ der Expresszug, -züge [ekspréstsuːk] 엑스프레스축
der Schnellzug, -züge [ʃnéltsuːk] 슈넬축 급행열차

☐ der Speisewagen, — [ʃpáizəvaːgn] 슈파이제바근 식당차

☐ die Schalterhalle, -n [ʃáltɐhalə] 샬터할레
das Reisezentrum, -zentren [ráizətsentrum] 라이제첸트룸 승차권 판매소

☐ der Fahrpreis, -e [fáːɐprais] 파르프라이스 교통비

☐ einfach [áinfax] 아인파흐
die einfache Fahrkarte [diː áinfaxə fáːɐkartə]
디 아인파헤 파르카르테 편도 티켓

☐ hin und zurück [hɪn ʊnt tsurýk] 힌 운트 추뤽
die Hin- und Rückfahrkarte [diː hɪn ʊnt rýkfaːɐkartə]
디 힌 운트 뤽파르카르테 왕복 티켓

☐ die Bahnsteigsperre, -n [báːnʃtaikʃperə] 반슈타이크슈페레 개찰구

☐ das Bahnhofspersonal Sg. [báːnhoːfsperzonaːl] 반호프스페르조날
열차 승무원

☐ der Bahnhofsvorsteher, — [báːnhoːfsfoːɐʃteːɐ] 반호프스포어슈테어
역장

☐ das Fundbüro, -s [fúntbyroː] 푼트뷔로 분실물 센터

☐ die Toilette, -n [toalétə] 토알레테 화장실

☐ der Ausgang, Ausgänge [áusgaŋ] 아우스강 출구

☐ die Endstation, -en [éntʃtatsioːn] 엔트슈타치온 종착역

☐ ein｜steigen [áinʃtaign] 아인슈타이근 열차를 타다

☐ aus｜steigen [áusʃtaign] 아우스슈타이근 열차에서 내리다

☐ um｜steigen [úmʃtaign] 움슈타이근 열차를 갈아타다

1 인간
2 주거
3 수
4 도시
5 교통
6 업무
7 쇼핑
8 스포츠·취미
9 자연

- ☐ **die Haltestelle verpassen** [di: háltəʃtɛlə fɛɐ̯pásn]
  디 할테슈텔레 페어파쓴 내릴 역(정거장)을 놓치다
- ☐ **die Fahrunterbrechung,** -en [fá:ɐ̯untɐbrɛçʊŋ] 파르운터브레훙
  도중하차
- ☐ **leer** [le:ɐ̯] 레어 비어 있는
- ☐ **überfüllt** [y:bɐfʏlt] 위버퓔트 혼잡한
- ☐ **der überfüllte Zug** [de:ɐ̯ y:bɐfʏltə tsu:k] 데어 위버퓔테 축 만원 열차
- ☐ **dösen** [dǿ:zn] 되즌
  ein l nicken [áinnɪkn] 아인니큰 졸다
- ☐ **die Reisekrankheit** Sg. [ráizəkraŋkhait] 라이제크랑크하이트 차멀미
- ☐ **die Hauptverkehrszeit,** -en [háuptfɛɐ̯ke:ɐ̯stsait]
  하우프트페어케어스차이트 출퇴근 시간
- ☐ **der erste Zug** [de:ɐ̯ é:ɐ̯stə tsu:k] 데어 에르스테 축 첫차
- ☐ **der letzte Zug** [de:ɐ̯ létstə tsu:k] 데어 레츠테 축 막차
- ☐ **die Verspätung,** -en [fɛɐ̯ʃpé:tʊŋ] 페어슈페퉁 연착

Dialog

- *A:* Lass uns zuerst auf den Fahrplan sehen!
  라스 운스 추에르스트 아우프 텐 파르플란 제엔!
  우리 기차 시간표 좀 보자.
- *B:* Ich frage lieber bei der Information nach.
  이히 프라게 리버 바이 데어 이포르마치온 나흐.
  그냥 내가 안내소에 가서 물어볼게.

155

der Hafen, Häfen 하픈 **항구**

❶ der Anker, – [áŋkɐ] 앙커 **닻**

❷ der Radar, -e [radá:ɐ̯, rá:da:ɐ̯] 라다르 **레이더**

❸ der Bug, Büge [bu:k] 부크 **뱃머리**

❹ das Deck, -s [dék] 데크 **갑판**

❺ die Kabine, -n [kabí:nə] 카비네 **선실**

❻ der Rumpf, Rümpfe [rʊmpf] 룸프 **선체**

❼ das Heck, -e [hɛk] 헤크 **고물, 선미**

❽ das Achterdeck, -s [áxtɐdɛk] 아흐터데크 **뒷갑판**

❾ das Fahrgastschiff, -e [fá:ɐ̯gastʃɪf] 파르가스트쉬프 **여객선**

156

⑩ der Leuchtturm, -türme [lóyçtturm] 로이히트투름 등대

⑪ der Wellenbrecher, – [vélənbreçɐ] 벨렌브레허 방파제

⑫ die Fracht, -en [fráxt] 프라흐트 화물

⑬ das Dock, -e [dɔ́k] 도크 부두

⑭ das Meer, -e [meːɐ] 메어 바다

□ das Boot, -e
[boːt] 보트 보트, 소형 선박

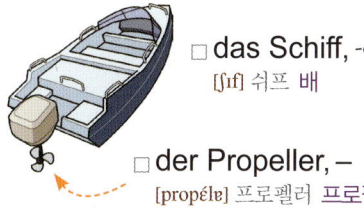

□ das Schiff, -e
[ʃɪf] 쉬프 배

□ der Propeller, –
[propélɐ] 프로펠러 프로펠러

□ das Rettungsboot, -e
[rétuŋsboːt] 레퉁스보트 구명보트

□ das Ruder, –
[rúːdɐ] 루더 노

관련 단어

□ die Ankerkette, -n [áŋkɐketə] 앙커케테 닻줄

□ der Maschinenraum, -räume [maʃíːnənraum] 마쉬넨라움 기관실

□ das Steuer, – [ʃtóyɐ] 슈토이어 키, 방향키

□ das Ausflugsschiff, -e [áusfluːksʃɪf] 아우스플룩스쉬프 유람선

□ das Fischerboot, -e [fíʃɐboːt] 피셔보트 어선

□ der Frachter, – [fráxtɐ] 프라흐터 화물선

□ die Küstenwache, -n [kýstnvaxə] 퀴스튼바헤 해안 경비대

1 인간
2 주거
3 수
4 도시
5 교통
6 업무
7 쇼핑
8 스포츠·취미
9 자연

 Unit **08**

das Flugzeug, -e 플룩초이크 **비행기**

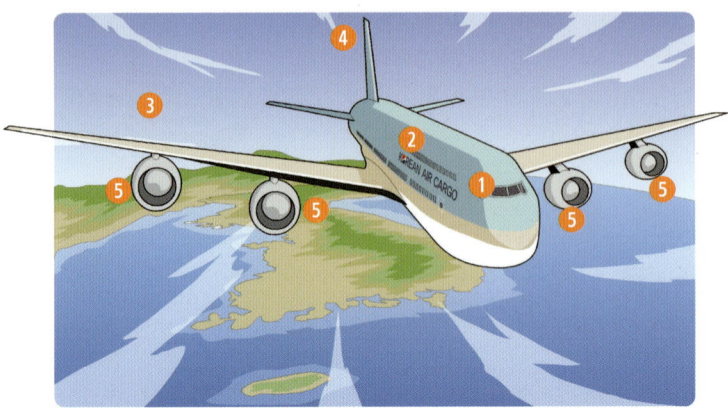

1 das Cockpit, -s [kɔ́kpɪt] 콕피트 조종실

2 die Kabine, -n [kabíːnə] 카비네
der Passagierraum, -räume [pasaʒíːʁraum] 파싸쥐어라움 객실

3 die Tragfläche, -n [tráːkflɛçə] 트락플레헤 날개

4 das Leitwerk, -e [láitvɛrk] 라이트베르크 꼬리날개

5 die Turbine, -n [tʊrbíːnə] 투르비네
das Triebwerk, -e [tríːpvɛrk] 트립베르크 엔진

☐ die Toilette, -n [toalétə] 토알레테 화장실
☐ frei [frai] 프라이 비어 있는
☐ besetzt [bəzétst] 베제츠트 사용 중인

158

- □ **der Notausgang**, -ausgänge [nó:tausgaŋ] 노트아우스강 비상구
- □ **der Gang**, Gänge [gaŋ] 강 통로
- □ **ab|fliegen** [ápfli:gn] 압플리근
  ab|heben [áphe:bn] 압헤븐 이륙하다
- □ **landen** [lándn] 란든 착륙하다
- □ **das Reiseziel**, -e [ráizətsi:l] 라이제칠 목적지
- □ **der Zeitunterschied**, -e [tsáituntɐʃi:t] 차이트운터쉬트 시차
- □ **First Class** [fə́:ɐ̯st klá:s] 퓌어스트 클라스 일등석, 퍼스트클래스
- □ **Business Class** [bíznɪs klá:s] 비즈니스 클라스 비즈니스석
- □ **Economy Class** [ikónəmi klá:s] 이커너미 클라스 일반석, 이코노미석
- □ **der Flugbegleiter**, –, **die Flugbegleiterin**, -nen
  [flú:kbəɡlaitɐ] 플룩베글라이터 승무원

1 인간
2 주거
3 수
4 도시
5 교통
6 업무
7 쇼핑
8 스포츠·취미
9 자연

Dialog

A: Endlich hebt das Flugzeug ab. Ich bin ziemlich neugierig.
엔틀리히 헵트 다스 플룩초이크 압. 이히 빈 침리히 노이기리히.
드디어 비행기가 이륙하려나 봐. 정말 이 여행 기대된다.

B: Ich auch. Aber ich finde es nicht gut, dass ich 12 Stunden lang auf einem engen Sitzplatz in der Economy Class bleiben muss.
이히 아우흐. 아버 이히 핀데 에스 니히트 구트, 다스 이히 츠뷜프 슈툰든 랑 아우프
아이넴 엥엔 지츠플라츠 인 데어 이커너미 클라스 블라이븐 무스
나도 그래. 하지만 이 좁은 일반석에서 열두 시간이나 앉아 있어야 한다니….

A: Ich bin dankbar dafür.
이히 빈 당크바르 다퓌어.
이것만 해도 난 감지덕지다.

159

der Flughafen, -häfen 플룩하픈 공항

☐ **das Passagierflugzeug, -e**
[pasaʒíːɐ̯fluːktsɔyk] 파싸쥐어플룩초이크
여객기

☐ **die Boardkarte, -n** [bóːɐ̯tkartə]
보르트카르테 **탑승권**

☐ **der Reisepass, -pässe**
[ráizəpas] 라이제파스 **여권**

Hast du deinen Reisepass und
deine Boardkarte dabei?
하스트 두 다이넨 라이제파스 운트 다이네
보르트카르테 다바이?
너 여권이랑 탑승권 잘 챙겼지?

☐ **der Check-in Schalter**
[deːɐ̯ tʃékɪn ʃáltɐ] 데어 췌크인 샬터
탑승 수속 카운터

☐ **der Flugsteig, -e** [flúːkʃtaik]
플룩슈타이크 **탑승구**

☐ **der Flughafenwarteraum,**
-warteräume [flúːkhaːfnvartəraum]
플룩하픈바르테라움 **공항 대합실**

☐ **der Gepäckwagen, –**
[gəpékvaːgn] 게펙바근 **카트**

□ die Landebahn, -en
[lándəba:n] 란데반 **활주로**

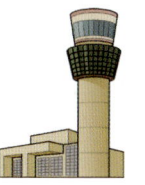

□ der Kontrollturm, -türme
[kɔntrólturm] 콘트롤투름 **관제탑**

□ das Gepäckkarussell, -s [gəpékkarusɛl]
게펙카루쎌 **수화물 컨베이어**

관련 단어

□ das Handgepäck ⒮ [hántgəpɛk] 한트게펙 **기내 휴대 수화물**

□ die Gepäckausgabe, -n [gəpékausga:bə] 게펙아우스가베 **수화물 취급소**

□ die Sicherheitskontrolle, -n [zíçɐhaitskɔntrɔlə] 지허하이츠콘트롤레
검사

□ die Passkontrolle, -n [páskɔntrɔlə] 파스콘트롤레 **출입국 심사대**

□ der Zoll ⒮ [tsɔl] 촐 **세관**

□ die Quarantäne, -n [karanté:nə] 카란테네 **검역**

□ der Inlandsflug, -flüge [ínlantsflu:k] 인란츠플룩 **국내선**

□ der internationale Flug, die internationalen Flüge
[de:ɐ̯ ɪntɐnatsioná:lə flú:k] 데어 인터나치오날레 플룩 **국제선**

1 인간
2 주거
3 수
4 도시
5 교통
6 업무
7 쇼핑
8 스포츠·취미
9 자연

- □ der Duty-free-Shop, -s [djúːti fri ʃɔ́p] 듀티 프리 숍
  der zollfreie Laden, die zollfreien Läden [deːɐ̯ tsɔlfraiə láːdn]
  데어 쫄프라이에 라든 **면세점**

- □ das Visum, Visa [víːzʊm] 비쭘 **비자, 사증**

- □ die Flugnummer, -n [flúːknʊmɐ] 플룩누머 **항공편 번호**

- □ der Gang, Gänge [gaŋ] 강 **(탑승용) 통로**

- □ die Ankunft, Ankünfte [ánkʊnft] 안쿤프트 **도착**

- □ an|kommen [ánkɔmən] 안코멘 **도착하다**

- □ die Information, -en [ɪnfɔrmatsióːn] 인포르마치온 **안내**

- □ der Reservierungsschalter, – [rezervíːrʊŋsʃaltɐ] 레저비룽스샬터
  예약 카운터

- □ die Anzeigetafel, -n [ántsaigətaːfl] 안차이게타플 **출발[도착] 표시 화면**

Dialog

A: Entschuldigung, ich kann meinen Platz nicht finden.
   엔트슐디궁, 이히 칸 마이넨 플라츠 니히트 핀든.
   실례합니다. 제 좌석을 찾을 수가 없네요.

B: Können Sie mir bitte Ihre Boardkarte zeigen?
   쾨넨 지 미어 비테 이레 보르트카르테 차이근?
   탑승권을 보여주시겠습니까?

A: Es ist der sechste Platz am Gang.
   에스 이스트 데어 젝스테 플라츠 암 강.
   통로 쪽 여섯 번째 좌석입니다.

1 다음 그림을 단어와 연결시키세요.

• • • • •

• • • • •

Motorrad   Zug   Schiff   Auto   Fluzeug

2 다음 단어의 뜻을 써보세요.

a) Bremshebel _____   Kette _____

 Fahrrad _____   Sattel _____

b) Kraftstofftank _____   Reifen _____

 Rücksitz _____   Kotflügel _____

c) Führerschein _____

 Scheibenwischer _____

 Lenkrad _____   Autohupe _____

d) Gasse _____   Unterführung _____

 Gefahr _____ Kreuzung _____

 Richtung _____

3 다음 보기에서 단어를 골라 빈칸에 써넣어 보세요.

a) Endstation   Fahrplan   Fahrpreis   Schnellzug
   Eisenbahn
b) Anker   Rumpf   Fracht   Deck   Dock

a) 교통비 _____   철도 _____   종착역 _____

기차 시간표 _____   급행열차 _____

b) 화물 _____   부두 _____   선체 _____

갑판 _____   닻 _____

4 다음 단어의 뜻을 써보세요.

> 비상구   탑승권   활주로   세관   화장실   착륙하다

Notausgang _____   Boardkarte _____

Landebahn _____   Zoll _____

Toilette _____   landen _____

5 다음 빈칸에 알맞은 독일어를 써넣어 보세요.

a) 이 근처에 주차장이 있습니까? Gibt es hier einen _____ in der Nähe?

b) 면세점에 가볼까? Sollen wir zum _____ gehen?

c) 두 시에 버스정류소에서 만나자. Treffen wir uns um 14uhr an der _____ ?

1 기차-Zug   비행기-Flugzeug   오토바이-Motorrad
배-Schiff   자동차-Auto

2 a) 브레이크 레버   체인   자전거   안장

b) 연료 탱크   타이어   뒷안장   흙받이

c) 면허증   와이퍼   핸들   클랙슨

d) 골목   지하도   위험   교차로   방향

3 a) Fahrpreis   Eisenbahn   Endstation   Fahrplan   Schnellzug

b) Fracht   Dock   Rumpf   Deck   Anker

4 비상구   탑승권   활주로   세관   화장실   착륙하다

5 a) Parkplatz   b) Duty-free-Shop   c) Bushaltestelle

Theme 6

→ Geschäft 게쉐프트 업무

1 인간
2 주거
3 수
4 도시
5 교통
6 업무
7 쇼핑
8 스포츠·취미
9 자연

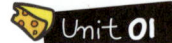

der Beruf, -e 베루프 **직업**

□ **der Flugbegleiter, –**
die Flugbegleiterin, -nen
[flúːkbəɡlaitɐ] 플룩베글라이터 승무원

□ **der Polizist, -en**
die Polizistin, -nen
[politsíst] 폴리치스트 **경찰관**

□ **der Sportler, –**
die Sportlerin, -nen
[ʃpórtlɐ] 슈포르틀러
운동선수

□ **der Arzt, Ärzte**
die Ärztin, -nen
[aːɐ̯tst, artst] 아르츠트 **의사**

□ **der Bäcker, –**
die Bäckerin
[bɛ́kɐ] 베커 **제빵사**

□ **der Sänger, –**
die Sängerin, -nen [zɛ́ŋɐ]
젱어 가수

Ich bin von den Liedern dieses
Sängers wirklich begeistert.
이히 빈 폰 덴 리더른 디제스 젱어스
비르클리히 베가이스터르트.
저 가수의 노래는 정말 신나.

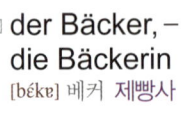

□ **der Koch, Köche**
die Köchin, -nen
[kɔx] 코흐 **요리사**

Kochen Köche auch zu Hause gut?
코흔 쾨헤 아우흐 추 하우제 구트?
요리사들은 집에서도 요리를 잘 할까요?

□ der Lehrer, –
die Lehrerin, -nen
[léːrɐ] 레러 교사

□ der Rechtsanwalt, -anwälte
die Rechtsanwältin, -nen
[réçtsanvalt] 레히츠안발트 변호사

Der Rechtsanwalt hat ziemlich viel
Eigentum.
데어 레히츠안발트 하트 침리히 필 아이근툼.
그 변호사는 재산이 무척 많대.

□ der Professor, -en
die Professorin, -nen
[profésoːɐ] 프로페소어 교수

Die Vorlesung des Philosopieprofessors
war wirklich langweilig.
디 포어레중 데스 필로조피프로페소어스 바르
비르클리히 랑바일리히.
철학 교수의 강의는 정말 지루했다.

□ der Taxifahrer, –
die Taxifahrerin, -nen
[táksifaɐ] 탁시파러 택시 기사

□ der Soldat, -en
die Soldatin, -nen
[zɔldáːt] 졸다트 군인

□ der, die Prominente, -n
[prominéntə] 프로미넨테 연예인

□ der Fernsehschauspieler, –
die Fernsehschauspielerin, -nen
[férnzeːʃauʃpiːlɐ] 페른제샤우슈필러 탤런트

1 인간

2 주거

3 수

4 도시

5 교통

6 업무

7 쇼핑

8 스포츠·취미

9 자연

□ **der Zimmermann**, -männer
[tsímɐman] 치머만 목수

□ **der Schauspieler**, –
die Schauspielerin, -nen
[ʃáuʃpiːlɐ] 샤우슈필러 배우

□ **der Bauer**, -n
die Bäuerin, -nen
[báuɐ] 바우어 농부

Mein Vater ist Bauer.
마인 파터 이스트 바우어.
우리 아버지는 농부야.

□ **der Dolmetscher**, –
die Dolmetscherin, -nen
[dɔ́lmetʃɐ] 돌메처 통역사

Die Dolmetscherin war eine junge
und schöne Frau.
디 돌메처린 바르 아이네 융에 운트 쇠네 프라우.
통역사는 젊고 예쁜 여자였다.

□ **der Regisseur**, -e
die Regisseurin, -nen
[reʒɪsóː̯ɐ] 레지쇠어 영화감독

□ **der Gärtner**, –
die Gärtnerin, -nen
[gértnɐ] 게르트너 원예사

168

□ der Briefträger, –
die Briefträgerin, -nen
[brí:ftrɛ:gɐ] 브리프트레거
우편집배원

□ der, die Angestellte, -n
[ángəʃteltə] 안게슈텔테 샐러리맨

관련 단어

□ die Hausfrau, -en [háusfrau] 하우스프라우 가정주부
□ der Buchhalter,–, die Buchhalterin, -nen [bú:xhaltɐ]
부흐할터 회계사

Dialog

A: Entschuldigung, was sind Sie von Beruf?
엔트슐디궁, 바스 진트 지 폰 베루프?
실례지만, 어떤 일을 하세요?

B: Ich bin Koch von Beruf.
이히 빈 코흐 폰 베루프.
전 요리삽니다.

A: Ach, so! Welche Gerichte kochen Sie hauptsächlich?
아흐, 소! 벨혜 게리히테 코흔 지 하우프트제흘리히?
아, 그러세요? 어떤 음식을 주로 만드세요?

B: Italienische Gerichte sind meine Spezialität.
이탈리에니쉐 게리히테 진트 마이네 슈페치알리테트.
이태리 요리를 전문으로 만들지요.

우측 탭: 1 인간 / 2 주거 / 3 수 / 4 도시 / 5 교통 / 6 업무 / 7 쇼핑 / 8 스포츠·취미 / 9 자연

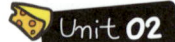

Titel und Position 티틀 운트 포지치온 **직위**

☐ der, die Vorsitzende, -n
[fó:ɐ̯zɪtsndə] 포어지츤데 **회장, 이사장**

☐ der Sekretär, -e
die Sekretärin, -nen
[zekreté:ɐ̯] 제크레테어 **비서**

☐ der Kollege, -n
die Kollegin, -nen
[kɔlé:gə] 콜레게 **동료**

Heute gibt es ein Abendessen
mit den Kollegen.
호이테 깁트 에스 아인 아벤트에쓴 미트 덴
콜레근.
오늘 직장 동료들과 회식이 있다.

☐ der, die Vorgesetzte, -n
[fó:ɐ̯gəzɛtstə] 포어게제츠테 **상사**

☐ der, die Untergebene, -n
[ʊntɐgé:bənə] 운터게베네 **부하**

☐ das Vorstellungsgespräch, -e
[fó:ɐ̯ʃtɛlʊŋsgəʃprɛ:ç] 포어슈텔룽스게슈프레히 **면접**

☐ der Interviewer, –
die Interviewerin [ɪntɐvjúːɐ] 인터뷰어 **면접관**

☐ der, die Interviewte, -n [ɪntɐvjúːtə] 인터뷰테 **면접 보는 사람**

170

1 인간

2 주거

3 수

4 도시

5 교통

6 업무

7 쇼핑

8 스포츠·취미

9 지역

관련 단어

- ☐ **die Zentrale,** -n [tsentráːlə] 첸트랄레 본사
- ☐ **die Filiale,** -n [filiáːlə] 필리알레 지사
- ☐ **der Firmenchef,** -s [fírmənʃef] 피르멘셰프 사장, 대표이사
- ☐ **der Exekutivdirektor,** -en [ɛksekutíːfdirektoːɐ̯] 엑세쿠티프디렉토어 전무
- ☐ **der Direktor,** -en [diréktoːɐ̯] 디렉토어 상무
- ☐ **der Chef,** -s [ʃef] 셰프 부장
- ☐ **der Abteilungsleiter,** – [aptáiluŋslaitɐ] 압타일룽스라이터 과장
- ☐ **das Personal** ⓢⓖ [pɛrzonáːl] 페르조날 직원
- ☐ **der, die neue Angestellte,** die neuen Angestellten
  [deːɐ̯, diː nóyə áŋgəʃteltə] 데어, 디 노이에 안게슈텔테 신입 직원

Dialog

A: Hallo, hier spricht die Sekretärin aus der Zentrale. Ist Herr Lee da?(Ist Exekutivdirektor Lee da?)
할로, 히어 슈프리히트 디 제크레테린 아우스 데어 첸트랄레. 이스트 헤어 리 다?(이스트 엑세쿠티프디렉토어 리 다?)
여보세요, 여기는 본사 비서실입니다. 이 전무님 계십니까?

B: Es tut mir leid, aber er ist gerade in einer Besprechung.
에스 투트 미어 라이트, 아버 에어 이스트 게라데 인 아이너 베슈프레훙.
죄송하지만, 지금 회의 중이십니다.

A: Dann richten Sie ihm bitte aus, dass der Vorsitzende ihn gerne sprechen möchte.
단 리히튼 지 임 비테 아우스, 다스 데어 포어지츤데 인 게르네 슈프레헨 뫼히테.
그러면 회장님이 찾으신다고 전해 주세요.

B: In Ordnung.
인 오르드눙.
예, 알겠습니다.

die Arbeit, -en 아르바이트 **일**

□ **die Beförderung**, -en
[bəfœ́rdərʊŋ] 베푀르더룽 승진

□ **befördert werden**
[bəfœ́rdɐt véːɐ̯dn]
베푀르더르트 베르든 승진하다

□ **die Geschäftsreise**, -n
[gəʃéftsraiːzə] 게쉐프츠라이제 출장

Er macht eine Geschäftsreise
nach Deutschland.
에어 마흐트 아이네 게쉐프츠라이제 나흐
도이췰란트.
그는 독일로 출장을 간다.

□ **der Urlaub**, -e [úːɐ̯laup]
우얼라우프 **휴가**

Ich kann keinen Urlaub planen,
weil ich zu viel Arbeit habe.
이히 칸 카이넨 우얼라우프 플라넨, 바일 이히
추 필 아르바이트 하베.
바빠서 휴가 계획을 잡을 수 없다.

□ **die Kündigung**, -en
[kýndɪgʊŋ] 퀸디궁 해고, 사표

□ **jm. kündigen** [jéːmandəm kýndɪgn]
예만뎀 퀸디근 해고하다

□ **die Kündigung ein|reichen**
[di: kyndɪgʊŋ áinraiçn] 디 퀸디룽 아인라이흔
사표를 제출하다

□ **die Konferenz**, -en [kɔnferénts] 콘페렌츠
die Sitzung, -en [zítsʊŋ] 지충 **회의**

Wegen der Konferenz habe ich nicht zu
Mittag gegessen.
베근 데어 콘페렌츠 하베 이히 니히트 추 미탁 게게쓴.
회의 때문에 점심도 못 먹었다.

□ **die Pension**, -en
[pãnzióːn, pɛnzióːn] 팡지온, 펜지온 **연금**

Mein Vater ist in Pension gegangen.
마인 파터 이스트 인 펜지온 게강엔.
아버지는 퇴직 후 연금을 받으신다.

1 인간

2 주거

3 수

4 도시

5 교통

6 업무

7 쇼핑

8 스포츠·취미

9 자연

관련 단어

☐ **der Lohn,** Löhne [lo:n] 론 임금

☐ **das Gehalt,** Gehälter [gəhált] 게할트 월급

☐ **der Zahltag,** -e [tsá:lta:k] 찰탁 월급날

☐ **der Bonus,** -se [bó:nʊs] 보누스 보너스

☐ **verhandeln** [fɛɐ̯hándln] 페어한들른 협상하다

☐ **der Einstellungstest,** -s [áinʃtelʊŋstest] 아인슈텔룽스테스트
das Einstellungsgespräch, -e [áinʃtelʊŋsgəʃpre:ç] 아인슈텔룽스게슈프레히
면접시험

☐ **der Lebenslauf,** -läufe [lé:bnslauf] 레븐스라우프 이력서

☐ **beschäftigen** [bəʃéftign] 베쉐프티근 채용하다

☐ **eine Stelle erhalten** [áinə ʃtélə ɛɐ̯háltn] 아이네 슈텔레 에어할튼
einen Job erhalten [áinən ʤɔp ɛɐ̯háltn] 아이넨 좁 에어할튼 취직하다

☐ **zur Arbeit gehen** [tsu:ɐ̯ árbait gé:ən] 추어 아르바이트 게엔 출근하다

☐ **von der Arbeit abwesend sein** [fɔn de:ɐ̯ árbait ápve:znt zain]
폰 데어 아르바이트 압베즌트 자인 결근하다

☐ **der Dienst,** -e [dí:nst] 딘스트 근무, 업무

☐ **die Überstunde,** -n [ý:bɐʃtʊndə] 위버슈툰데 초과 근무

☐ **die Dienstzeit,** -en [dí:nsttsait] 딘스트차이트 근무 시간

☐ **die Vollzeitarbeit,** -en [fɔ́ltsaitarbait] 폴차이트아르바이트 정규직

☐ **die Teilzeiltarbeit,** -en [táiltsaitarbait] 타일차이트아르바이트 임시직

☐ **der Freiberuf** [fráibəru:f] 프라이베루프
die Selbständigkeit Sg. [zélpʃtendıçkait] 젤프슈텐디히카이트 자유직

173

das Büro, -s 뷔로 사무실

☐ **der Bürotisch**, -e [byró:tɪʃ]
뷔로티쉬 **사무용 책상**

Welcher Bürotisch ist gut?
벨허 뷔로티쉬 이스트 구트?
사무용 책상은 어떤 제품이 좋습니까?

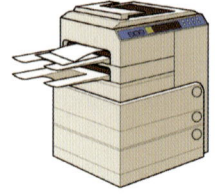

☐ **der Kopierer**, –
[kopí:rɐ] 코피러 **복사기**

☐ **das Faxgerät**, -e
[fáksgərɛt] 팍스게레트
팩시밀리

☐ **das Telefon**, -e
[telefó:n] 텔레폰 **전화기**

☐ **das Handy**, -s [héndi] 헨디 **휴대폰**

Wow, das ist wirklich ein neues Handy!
바우, 다스 이스트 비르클리히 아인 노이에스 헨디!
와, 그거 정말 최신형 휴대폰이구나!

174

□ der Taschenrechner, –
[táʃnreçnɐ] 타셴레히너 계산기

□ der Terminkalender, –
[termí:nkalɐndɐ] 테르민칼렌더 다이어리

Ich benutze nicht gern einen
Terminkalender.
이히 베누체 니히트 게른 아이넨 테르민칼렌더.
나는 다이어리를 잘 쓰지 않는다.

□ der Kalender, –
[kalɛ́ndɐ] 칼렌더 달력

Hui, ich muss schon wieder ein
Blatt im Kalender umblättern.
후이, 이히 무스 숀 비더 아인 블라트 임 칼렌더
움블레터른.
휴, 달력을 또 한 장 넘겨야겠네.

□ der Bilderrahmen, –
[bíldɐra:mən] 빌더라멘 액자

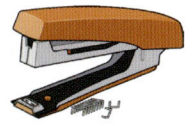

□ der Hefter, – [héftɐ] 헤프터 스테이플러
Sortieren Sie diese Dokumente und
heften Sie sie bitte zusammen.
조르티렌 지 디제 도쿠멘테 운트 헤프튼 지 지 비테
추자멘.
이 서류들 정리해서 스테이플러로 찍어 주세요.

□ die Reißzwecke, -n
[ráistsvɛkə] 라이스츠베케
압정

1 인간
2 주거
3 수
4 도시
5 교통
6 업무
7 쇼핑
8 스포츠·취미
9 자연

175

관련 단어

□ der Marker, −, -s [márkɐ] 마르커 **매직펜**

□ der Kugelschreiber, − [kú:gl̩ʃraibɐ] 쿠글슈라이버 **볼펜**

□ der Filzschreiber, − [fĭltsʃraibɐ] 필츠슈라이버 **사인펜**

□ der Korrekturstift, -e [kɔrektúɐ̯ʃtɪft] 코렉투어슈티프트 **수정액**

□ die Haftnotiz, -en [háftnoti:ts] 하프트노티츠 **포스트 잇, 메모 용지**

□ die Büroklammer, -n [byró:klamɐ] 뷔로클라머 **클립**

Dialog

A: **Ich ärgere mich!**
이히 에르거레 미히!
짜증나 죽겠어!

B: **Was ist denn los?**
바스 이스트 덴 로스?
무슨 일이야?

A: **Der Kopierer in meiner Abteilung ist schon wieder kaputt.**
데어 코피러 인 마이너 압타일룽 이스트 숀 비더 카푸트.
우리 부서 복사기가 또 고장났어.

B: **Wie viele Seiten musst du kopieren?**
비 필레 자이튼 무스트 두 코피렌?
몇 장을 복사해야 하는데?

A: **40 Seiten. Darf ich hier den Kopierer benutzen?**
피어치히 자이튼. 다르프 이히 히어 덴 코피러 베누츤?
40장. 여기 복사기 좀 사용해도 될까?

B: **Ja, gerne.**
야, 게르네.
응, 그래.

Unit 05

der Computer, – 컴퓨터 **컴퓨터**

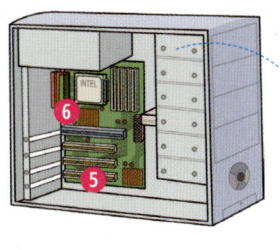

❶ der Monitor, -en [móːnitoːɐ̯] 모니토어 **모니터**

❷ der Bildschirm, -e [bíltʃɪrm] 빌트쉬름 **액정**

❸ die Tastatur, -en [tastatúːɐ̯] 타스타투어 **키보드**

❹ die Maus, Mäuse [maus] 마우스 **마우스**

❺ das Motherboard, -s [máðɐboːɐ̯t] 마더보르트
die Hauptplatine, -n [háuptplatiːnə] 하우프트플라티네 **마더보드**

❻ der Zentralprozessor, -en (CPU) [tsɛntráːlprotsɛsoːɐ̯] 첸트랄프로체소어
중앙처리장치

❼ die Festplatte, -n [fɛ́stplatə] 페스트플라테 **하드디스크**

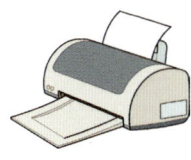

☐ **der Scanner,** –
[skɛ́nɐ] 스케너 **스캐너**

☐ **der Laptop,** -s [lɛ́ptɔp]
렙톱 **노트북 컴퓨터**

☐ **der Drucker,** –
[drúkɐ] 드루커
프린터

177

관련 단어

- □ der Cursor, -s [kɔ́ːɐ̯ze, kɔ́sə] 쾨르저, 커서
  der Mauszeiger, – [máʊstsaɪɡɐ] 마우스차이거 **커서**

- □ das Icon, -s [áɪkn, áɪkɔn] 아이큰, 아이콘
  das Symbol, -e [zʏmbóːl] 짐볼 **아이콘**

- □ an|klicken [ánklɪkn] 안클리큰 **클릭하다**

- □ doppel|klicken [dɔ́plklɪkn] 도플클리큰 **더블클릭하다**

- □ installieren [ɪnstalíːrən] 인스탈리렌 **설치하다**

- □ eine Sicherungskopie erstellen [aɪnə zíçərʊŋskopiː ɛɐ̯ʃtélən]
  아이네 지허룽스코피 에어슈텔렌 **백업하다**

- □ den Computer hoch|fahren/starten [deːn kɔmpjúːtɐ hóːxfaːrən/ ʃtártn]
  덴 컴퓨터 호흐파렌/슈타르튼 **부팅하다**

- □ den Computer ab|schalten [deːn kɔmpjúːtɐ ápʃaltn] 덴 컴퓨터 압샬튼
  전원을 끄다

- □ die Initialisierung, -en [initsia:lizíːrʊŋ] 이니치알리지룽 **초기화**

- □ initialisieren [ɪnitsia:lizíːrən] 이니치알리지렌 **초기화하다**

- □ das Kopieren von Dateien Sg [das kopíːrən fɔn datáiən]
  다스 코피렌 폰 다타이엔 **파일 복제**

- □ das Einfügen Sg [áɪnfyːgn] 아인퓌근 **붙여넣기**

- □ das Speichern Sg [ʃpáiçɐn] 슈파이허른 **저장**

- □ die Systemsteuerung, -en [zʏstéːmʃtɔyərʊŋ] 쥐스템슈토이어룽 **제어판**

- □ das Upgrade, -s [ápgreːt] 압그레트
  die Aktualisierung, -en [aktualizíːrʊŋ] 악투알리지룽 **업그레이드**

Unit 06

das Internet 인터넷 **인터넷**

1 인간

2 주거

3 수

4 도시

5 교통

6 업무

7 쇼핑

8 스포츠·취미

9 자연

□ **der Internet Explorer, –**
[íntɐnet ɛksplóːrɐ] 인터넷 엑스플로러

der Internetbrowser, –
[íntɐnetbrauzɐ] 인터넷 브라우저
인터넷 익스플로러

□ **die Homepage, -s** [hóːmpeːtʃ]
홈페취 홈페이지

Das ist auf der Homepage meiner
Firma erklärt.
다스 이스트 아우프 데어 홈페취 마이너 피르마
에어클레르트.
저희 회사 홈페이지에 설명되어 있습니다.

□ **das Werbebanner, –**
[vérbɐbanɐ] 베르베바너

die Bannerwerbung Sg.
[bánɐverbuŋ] 바너베르붕
배너, 띠 모양의 광고

□ **die Website, -s, -n** [vépsait]
웹사이트 **웹사이트**

Lass uns mal im Internet suchen.
라스 운스 말 임 인터넷 주흔.
웹사이트에서 찾아볼까?

□ **die Informationssuche** Sg.
[ɪnfɔrmatsióːnszuːxə] 인포르마치온스주헤
정보 검색

□ **Daten herunter | laden**
[dáːtn herúntɐlaːdn] 다튼 헤룬터라든
다운로드하다

179

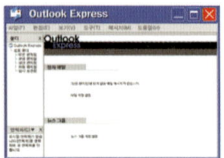

□ **die E-Mail**, -s [íːmeːl] 이멜 이메일

Ich schicke dir eine E-Mail.
이히 쉬케 디어 아이네 이멜.
내가 지금 이메일로 보낼게.

□ **der Posteingang** Sg. [póstaingaŋ]
포스트아인강 받은 편지함

□ **der Postausgang** Sg. [póstausgaŋ]
포스트아우스강 보낸 편지함

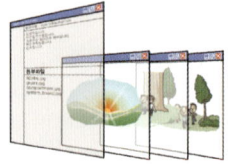

□ **der Anhang**, Anhänge
[ánhaŋ] 안항 첨부

Sehen Sie sich den Anhang an
und melden Sie sich bitte bei mir!
제엔 지 지히 덴 안항 안 운트 멜든 지 지히
비테 바이 미어!
첨부 파일을 보시고 다시 연락 주세요.

□ **die Schriftart**, -en [ʃríftaːɐt]
슈리프트아르트 글꼴

Diese Schriftart ist nicht schön.
디제 슈리프트아르트 이스트 니히트 쇤.
이 글꼴은 예쁘지가 않아.

□ **die Internetsucht**, -süchte Sg.
[íntɛnɛtzʊxt] 인터넷주흐트 인터넷 중독

□ **der, die Internetsüchtige**, -n [íntɛnɛtzʏçtɪgə]
인터넷쥐히티게 인터넷 중독자

1 인간

2 주거

3 수

4 도시

5 교통

6 업무

7 쇼핑

8 스포츠·취미

9 자연

관련 단어

☐ **online** [ónlain] 온라인 온라인

☐ **offline** [óflain] 오프라인 오프라인

☐ **das Schwarze-Brett-System** [ʃvártsə bret zystéːm]
슈바르체 브레트 쥐스템 전자 게시판

☐ **der Blog,** -s [blɔk] 블로크 블로그

☐ **die Domäne,** -n [domέːnə] 도메네
die Domain, -s [domέːn] 도멘 도메인 (주소)

☐ **das Internetportal,** -e [íntɐnetpɔrtaːl] 인터넷포르탈 인터넷 포털 사이트

☐ **der Router,** – [ráutɐ] 라우터 라우터, 공유기

☐ **der Programmfehler,** – [prográmfeːlɐ] 프로그람펠러 프로그램의 오류, 결함

☐ **das lokale Netzwerk,** die lokalen Netzwerke (LAN)
[das lokáːlə nétsverk] 다스 로칼레 네츠베르크 근거리 통신망, 랜

☐ **das Internet Cookie,** -s Pl. [das íntɐnet kúki] 다스 인터넷 쿠키
쿠키 (인터넷 임시 저장 파일)

☐ **die Firewall,** -s [fáiəwɔːl] 파이어월 방화벽

☐ **im Internet surfen** [im íntɐnet zóːɐ̯fn] 임 인터넷 쥐르픈
인터넷 검색을 하다

☐ **häufig gestellte Fragen** [hóyfiç gəʃtέltə fráːgn] 호이피히 게슈텔테 프라근
자주 묻는 질문 (FAQ)

☐ **die E-Mailadresse,** -n [íːmeːlaːdrɛsə] 이멜아드레쎄 이메일 주소

☐ **die Rückantwort,** -en [rýkantvɔrt] 뤽안트보르트
die Antwort, -en [antvɔrt] 안트보르트 대답, 댓글

☐ **der Internetnutzer,** – [íntɐnetnutsɐ] 인터넷누처 인터넷 사용자

☐ **der Hacker,** – [hákɐ] 하커 해커

die Kommunikation, -en 코무니카치온 **의사소통**

☐ ins Gespräch kommen
[ɪns gəʃpérːç kómən] 인스 게슈프레히 코멘

sich unterhalten
[zɪç ʊntɐháltn] 지히 운터할튼 **대화하다**

☐ sich begrüßen
[zɪç bəgrýːsn] 지히 베그뤼쓴
인사하다

☐ sich verstehen [zɪç fɐʃtéːən]
지히 페어슈테엔 (사상·감정이) 서로 통하다

☐ gestehen [gəʃtéːən]
게슈테엔 **고백하다**

☐ streiten [ʃtráitn]
슈트라이튼 **말다툼하다**

☐ sich entschuldigen
[zɪç ɛntʃʊ́ldɪgn] 지히 엔트슐디근 **사과하다**

182

1 인간

2 주거

3 수

4 도시

5 교통

6 업무

7 쇼핑

8 스포츠·취미

9 자연

관련 단어

☐ **die Sprache** Sg. [ʃpráːxə] 슈프라헤
  die Ausdrucksart, -en [áusdruksaːɐ̯t] 아우스드룩스아르트 말투, 말씨
☐ **der Dialekt,** -e [dialékt] 디알렉트 사투리
☐ **die Meinung,** -en [máinuŋ] 마이눙 의견
☐ **das Thema,** Themen [téːma] 테마 화제, 주제
☐ **übersetzen** [yːbɐzétsn] 위버제츤 번역하다
☐ **dolmetschen** [dɔ́lmɛtʃn] 돌메츤 통역하다
☐ **die Einladung,** -en [áinladuŋ] 아인라둥 초대
☐ **das Treffen** Sg. [tréfn] 트레픈 모임
☐ **die Beziehung,** -en [bətsíːuŋ] 베치웅 관계
☐ **sich vor│stellen** [zɪç fóːɐ̯ʃtɛln] 지히 포어슈텔른 소개하다
☐ **zu│stimmen** [tsúːʃtɪmən] 추슈티멘 찬성하다, 동의하다
☐ **widersprechen** [viːdɐʃpréçn] 비더슈프레흔 반대하다

Dialog

A: Ich kann seine Haltung gar nicht verstehen!
  이히 칸 자이네 할퉁 가르 니히트 페어슈테엔!
  그 사람 태도는 도대체 알 수가 없네!

B: Er hat sich doch bei dir entschuldigt.
  에어 하트 지히 도흐 바이 디어 엔트슐딕트.
  너한테 사과한다고 했잖아.

A: Könntest du es akzeptieren, wenn er sich bei dir so entschuldigt?
  쾬테스트 두 에스 악쳅티렌, 벤 에어 지히 바이 디어 조 엔트슐딕트?
  그런 식으로 사과하면, 넌 받아들일 수 있겠어?

B: Er spricht Dialekt und ist eigentlich unfreundlich.
  에어 슈프리히트 디알렉트 운트 이스트 아이겐틀리히 운프로인틀리히.
  원래 사투리를 쓰는데다가, 말투까지 무뚝뚝해서 그런 거야.

1 다음 그림과 단어를 연결해 보세요.

．　　　．　　　．　　　．　　　．

．　　　．　　　．　　　．　　　．

Bauer　　Schauspieler　　Koch　　Sänger　　Lehrer

2 다음 단어를 독일어 혹은 우리말로 고쳐 보세요.

a) Vorsitzende _____　　Sekretär _____

신입사원 _____　　Interviewer _____

Personal _____

b) zur Arbeit gehen _____ 월급 _____

보너스 _____　　Dienst _____

3 다음 보기에서 단어를 골라 빈칸에 써넣어 보세요.

a) Taschenrechner　Kopierer　Hefter　Korrekturstift
　Kugelschreiber
b) installieren　Cursor　anklicken　Maus　Monitor

a) 스테이플러 _____　수정액 _____　복사기 _____

계산기 _____　볼펜 _____

b) 클릭하다 _____　설치하다 _____　모니터 _____

마우스 _____　커서 _____

4 다음 단어를 독일어 혹은 우리말로 고쳐 보세요.

a) 배너 _____   Domäne _____   온라인 _____

홈페이지 _____   이메일 _____

b) 사투리 _____   Einladung _____

sich unterhalten _____   Meinung _____

sich entschuldigen _____

5 다음 빈칸에 알맞은 독일어를 써넣어 보세요.

a) 오늘 구직 면접이 있다.

Heute habe ich ein _____ .

b) 내 컴퓨터는 가끔 다운된다.

Mein _____ stürzt manchmal ab.

c) 이거 한 장만 복사해 주세요.

_____ Sie bitte nur ein Blatt.

d) 이메일로 이력서를 보내주세요.

Schicken Sie uns den _____ per _____ .

1 요리사 – Koch   가수 – Sänger   농부 – Bauer   교사 – Lehrer
배우 – Schauspieler

2 a) 회장   비서   der neue Angestellte   면접관   직원
b) 출근하다   Gehalt   Bonus   근무

3 a) Hefter   Korrekturstift   Kopierer   Taschenrechner   Kugelschreiber
b) anklicken   installieren   Monitor   Maus   Cursor

4 a) Werbebanner   도메인   online   Homepage   E－Mail
b) Dialekt   초대   대화하다   의견   사과하다

5 a) Vorstellungsgespräch   b) Computer   c) Kopieren
d) Lebenslauf, E-Mail

THEMATIC GERMAN WORDS

Theme 7

→ **Einkaufen** 아인카우픈 쇼핑

1 인간
2 주거
3 수
4 도시
5 교통
6 업무
7 쇼핑
8 스포츠·취미
9 자연

Im Kaufhaus 임 카우프하우스 **쇼핑센터에서**

□ der Kassierer, –
die Kassiererin, -nen
[kasí:ɐ] 카씨러 **계산원**

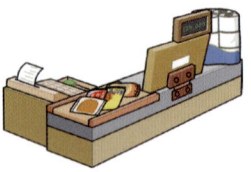

□ die Kasse, -n
[kásə] 카쎄 **계산대**

□ der Geldschein, -e
[gɛltʃain] 겔트샤인 **지폐**

□ die Münze, -n
[mýntsə] 뮌체 **동전**

□ der Einkaufswagen, –
[áinkaufsva:gn] 아인카우프스바근 **쇼핑 카트**

Mama, ich will den Einkaufswagen
schieben.
마마, 이히 빌 덴 아인카우프스바근 쉬븐.
엄마, 쇼핑 카트는 내가 밀고 갈게요.

□ der Verkäufer, –
die Verkäuferin, -nen
[fɛɐkɔ́yfɐ] 페어코이퍼 **점원**

Wo gibt es Zahnbürsten? Da werde ich
wohl den Verkäufer fragen müssen.
보 깁트 에스 찬뷔르스튼? 다 베르데 이히 볼 덴
페어코이퍼 프라근 뮈쓴.
칫솔이 어디 있지? 점원에게 물어봐야겠네.

□ der Kunde, -n
die Kundin, -nen
[kúndə] 쿤데 **고객**

1 인간

2 주거

3 수

4 도시

5 교통

6 업무

7 쇼핑

8 스포츠 취미

9 저녁

관련 단어

- □ das Preisschild, -er [práisʃɪlt] 프라이스쉴트 가격표
- □ der Schaufensterbummel, – [ʃáufɛnstɐbʊml] 샤우펜스터붐믈 윈도쇼핑
- □ das Geschenk, -e [gəʃɛ́ŋk] 게쉥크 선물
- □ verpacken [fɛɐpákn] 페어파큰 포장하다
- □ das Sonderangebot, -e [zɔ́ndɐangəboːt] 존더안게보트 바겐세일
- □ der Gutschein, -e [gúːtʃain] 구트샤인 쿠폰
- □ der Rabatt, -e Sg. [rabát] 라바트 할인
- □ die Rücksendung, -en [rýkzendʊŋ] 뤽젠둥 반품
- □ die Rückerstattung, -en [rýkɛɐʃtatʊŋ] 뤽에어슈타퉁 환불
- □ der Umtausch, -e Sg. [ʊmtáuʃ] 움타우쉬 교환
- □ das Bargeld Sg. [báːɐɡɛlt] 바르겔트 현금
- □ die Kreditkarte, -n [kredíːtkartə] 크레디트카르테 신용카드

Dialog

A: Im Kaufhaus gibt es Sonderangebote. Hast du Lust, mit mir zusammen einkaufen zu gehen?
임 카우프하우스 깁트 에스 존더안게보테. 하스트 두 루스트, 미트 미어 추자멘 아인카우픈 추 게엔?
백화점에서 바겐세일한다는데, 쇼핑 가지 않을래?

B: Ja, gerne. Ich wollte sowieso ein Geschenk für meine Mutter kaufen.
야, 게르네. 이히 볼테 조비조 아인 게쉥크 퓌어 마이네 무터 카우픈.
그래. 마침 난 엄마 선물도 사야 해.

A: Prima. Lass uns später gegen 14 Uhr losgehen!
프리마. 라스 운스 슈페터 게근 피어첸 우어 로스게엔!
잘됐네. 이따 두 시쯤 나가자.

189

□ **die Herrenbekleidung** Sg.
[hérənbəklaidʊŋ] 헤렌베클라이둥 **남성복**

□ **die Damenbekleidung** Sg.
[dá:mənbəklaidʊŋ] 다멘베클라이둥
여성복

□ **das Kosmetikprodukt**, -e
[kɔsmé:tɪkprodʊkt] 코스메틱프로둑트 **화장품**

In diesem Kosmetikprodukt ist viel Öl
enthalten.
인 디젬 코스메틱프로둑트 이스트 필 욀 엔트할튼.
이 화장품은 유분이 많은 것 같네요.

□ **das Kleidungszubehör**, -e Sg.
[kláidʊŋstsu:bəhø:ɐ̯] 클라이둥스추베회어 **잡화**

□ **das Spielzeug**, -e [ʃpí:ltsɔyk]
슈필초이크 **장난감**

Welches Spielzeug ist gut für einen
5-jährigen Jungen?
벨헤스 슈필초이크 이스트 구트 퓌어 아이넨 퓐프
예리근 융엔?
다섯 살짜리 사내아이에게 어떤 장난감이 좋을까요?

□ **die Schreibwaren** Pl.
[ʃráipva:rən] 슈라입바렌
문구, 필기도구

□ **das Küchengerät, -e**

[kýçŋɡəreːt] 퀴혼게레테 주방용품

Es gibt zu viele Küchengeräte.
에스 깁트 추 필레 퀴혼게레테.
주방용품 종류가 어쩌면 이렇게도 많으냐!

□ **das Haushaltgerät, -e**

[háushaltɡəreːt] 하우스할트게레테
가전제품

□ **der Schmuck, -e** Sg.

[ʃmʊk] 슈묵 보석

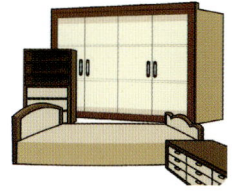

□ **das Möbel, –** Pl. [mǿːbl] 뫼블 가구

Lass uns auch noch in die Möbelabteilung
gehen, wo wir schon einmal hier sind.
라스 운스 아우호 노흐 인 디 뫼블압타일룽 게엔, 보 비어
숀 아인말 히어 진트.
우리 이왕 왔으니 가구도 구경하고 가자.

□ **das Lebensmittel, –** Pl. [léːbnsmɪtl] 레븐스미틀 식품

Ich muss bei den Lebensmitteln noch Beilagen kaufen (mitnehmen).
이히 무스 바이 덴 레븐스미틀른 노흐 바일라근 카우픈 (미트네멘).
식품 코너에 가서 반찬거리 좀 사야겠어.

1 인간

2 주거

3 수

4 도시

5 교통

6 업무

7 쇼핑

8 스포츠·취미

9 자연

das Lebensmittel, – 레븐스미틀 **식료품**

☐ **das Brot**, -e ^{Sg.}
[bro:t] 브로트 **빵**

☐ **die Konserve**, -n
[kɔnzérvə] 콘제르베 **통조림**

☐ **der Reis** ^{Sg.} [rais]
라이스 **쌀**

☐ **das Obst** ^{Sg.}
[o:pst] 옵스트 **과일**

☐ **das Ei**, -er
[ai] 아이 **계란**

☐ **die Milch** ^{Sg.}
[mɪlç] 밀히 **우유**

☐ **das (Speise)eis** ^{Sg.}
[(ʃpáizə)ais] (슈파이제)아이스
아이스크림

☐ **das Gemüse** ^{Sg.}
[gəmý:zə] 게뮈제 **채소**

☐ **das kohlensäurehaltige Getränk**,
die kohlensäurehaltigen Getränke [das kó:lənzɔyrəhaltigə gətréŋk]
다스 콜렌조이레할티게 게트렝크 **탄산음료**

☐ **der Saft**, Säfte [zaft] 자프트 **주스**
Ich möchte einen kühlen Zitronensaft trinken.
이히 뫼히테 아이넨 퀼렌 치트로넨자프트 트링큰.
시원한 레몬 주스 마시고 싶다.

□ **das Salz** Sg. [zalts]
잘츠 소금

□ **der Zucker** Sg.
[tsókɐ] 추커 설탕

□ **der, das Tomatenketchup**, -s
[tomá:tnkɛtʃap] 토마튼케챂 토마토케첩

1 인간
2 주거
3 수
4 도시
5 교통
6 업무
7 쇼핑
8 스포츠·취미
9 자연

관련 단어

□ **die Tiefkühlkost** Sg. [tí:fky:lkɔst] 티프퀼코스트 냉동식품

□ **das Speiseöl**, -e Sg. [ʃpáizəø:l] 슈파이제욀 식용유

□ **das Mehl** Sg. [me:l] 멜 밀가루

□ **das Gewürz**, -e [gəvýrts] 게뷔르츠 조미료

□ **der Pfeffer** Sg. [pféfɐ] 페퍼 후추

□ **der Senf**, -e Sg. [zénf] 젠프 겨자 소스

□ **die Sojasoße**, -n [zó:jazo:sə] 조야조쎄 간장

□ **der Essig**, -e Sg. [ésɪç] 에씨히 식초

□ **der, das Keks**, -e [ke:ks] 켁스 과자

□ **das Getränk**, -e [gətréŋk] 게트렝크 음료수

□ **das Energiegetränk**, -e [enɛrgí:gətreŋk]
에네르기게트렝크 스포츠 드링크

Dialog

A: Ich habe die Milch vergessen!
이히 하베 디 밀히 페어게쓴!
우유 사는 걸 깜빡했네!

B: Ich hole sie. Wo ist die Milch?
이히 홀레 지. 보 이스트 디 밀히?
내가 가서 가져올게. 우유가 어디에 있더라?

A: Da hinten bei den Milchprodukten.
다 힌튼 바이 덴 밀히프로둑튼.
저쪽 유제품 코너에 있어.

193

die Herrenbekleidung 헤렌베클라이둥 **남성복**

☐ **die Jacke,** -n [jákə] 야케
das Jacket, -s [dʒakət] 쟈케트
상의, 재킷, 점퍼

Du kannst deine Jacke ausziehen,
wenn dir zu warm ist.
두 칸스트 다이네 야케 아우스치엔, 벤 디어 추
바름 이스트.
더우면 상의는 벗어도 돼.

☐ **der Pullover,** –
[pʊlóːvɐ] 풀오버 스웨터

☐ **das T-Shirt,** -s [tíːʃɚt]
티셔르트 **티셔츠**

Die Farbe des T-Shirts ist sehr
schön.
디 파르베 데스 티셔르츠 이스트 제어 쉰.
이 티셔츠 색깔이 참 멋있다.

☐ **die kurze Hose,** -n
die kurzen Hosen
[di: kúrtsə hóːzə]
디 쿠르체 호제 **반바지**

☐ **die Hose,** -n
[hóːzə] 호제 **바지**

☐ **die Jeans** PL
[dʒiːns] 진스 **청바지**

194

□ **das Polohemd**, -en
[pó:lohɛmt] 폴로헴트 폴로셔츠

□ **das Hemd**, -en
[hɛmt] 헴트 와이셔츠

□ **der Herrenanzug**, -anzüge
[hérənantsu:k] 헤렌안축 정장

□ **der Abendanzug**, -anzüge
[á:bntantsu:k] 아븐트안축

der Gesellschaftsanzug, -anzüge
[gəzélʃaftsantsu:k] 게젤샤프츠안축 예복

□ **die Lederhose**, -n [lé:dɐho:zə]
레더호제 가죽 바지(전통의상)

□ **der Trainingsanzug**,
-anzüge [tré:nɪŋsantsu:k]
트레닝스안축 운동복

□ **die Unterhose**, -n
[úntɐho:zə] 운터호제 팬티

1 인간
2 주거
3 수
4 도시
5 교통
6 업무
7 쇼핑
8 스포츠·취미
9 자연

관련 단어

□ **die Weste**, -n [véstə] 베스테 조끼

□ **die Unterwäsche** Sg. [úntɐveʃə] 운터베쉐 속옷

□ **die Freizeitbekleidung** Sg. [fráitsaitbəklaidʊŋ]
프라이차이트베클라이둥 평상복

□ **der Regenmantel**, -mäntel [réːgnmantel] 레근만틀 비옷

□ **die Skibekleidung** Sg. [ʃíːbəklaidʊŋ] 쉬베클라이둥 스키복

□ **der Badeanzug**, -anzüge [báːdəantsuːk] 바데안축 수영복

□ **der Bikini**, -s [bikíːni] 비키니 비키니

□ **die Badehose**, -n [báːdəhoːzə] 바데호제 수영 팬티

□ **die Umkleidekabine**, -n [úmklaidəkabiːnə] 움클라이데카비네 피팅룸

□ **eng** [ɛŋ] 엥 타이트한

□ **weit** [vait] 바이트 헐렁한

□ **der Rundhalsausschnitt**, -e [rónthalsausʃnɪt]
룬트할스아우스슈니트 라운드 넥

□ **der V-Ausschnitt**, -e [fáuausʃnɪt] 파우아우스슈니트 브이넥

□ **der Rollkragen**, − [rólkraːgn] 롤크라근 터틀넥

□ **der Kragen**, − [kráːgn] 크라근 옷깃

□ **der Knopf**, Knöpfe [knɔpf] 크노프 단추

□ **der Ärmel**, − [érml] 에르믈 소매

□ **die Hosentasche**, -n [hóːzntaʃə] 호즌타쉐 바지 주머니

□ **das Futter**, − [fútɐ] 푸터 안감

A: Was suchen Sie? (Kann ich Ihnen helfen?)

바스 주흔 지? (칸 이히 이넨 헬픈?)

무엇을 찾으세요?

B: Ich möchte einen Pullover kaufen.

이히 뫼히테 아이넨 풀오버 카우픈.

스웨터를 하나 사려고요.

A: Wie gefällt Ihnen dieser hier? Das ist ein neues Modell.

비 게펠트 이넨 디저 히어? 다스 이스트 아인 노이에스 모델.

이건 어떠세요? 신상품이에요.

B: Der gefällt mir gut. Gibt es den auch in schwarz?

다스 게펠트 미어 구트. 깁트 에스 덴 아우흐 인 슈바르츠?

괜찮네요. 검은색 있나요?

A: Ja, natürlich. Einen Moment, bitte!

야, 나튀얼리히. 아이넨 모멘트, 비테!

예, 잠깐만 기다려 주세요.

1 인간
2 주거
3 수
4 도시
5 교통
6 업무
7 쇼핑
8 스포츠·취미
9 자연

die Damenbekleidung 다멘베클라이둥 **여성복**

□ die Bluse, -n [blú:zə]
블루제 블라우스

□ der Rock, Röcke
[rɔk] 록 치마, 스커트

Ich glaube, dein Rock ist zu kurz.
이히 글라우베, 다인 록 이스트 추 쿠르츠.
너 스커트 길이가 너무 짧은 거 같다.

□ das Dirndl, -n [dírndl] 디른들
독일 남부 지방의 여성 전통 의상

□ das Kleid, -er
[klait] 클라이트 원피스

□ das Abendkleid, -er [á:bntklait]
아븐트클라이트 야회복

□ das Nachthemd, -en
[náxthemt] 나흐트헴트

der Schlafanzug, -anzüge
[ʃlá:fantsu:k] 슐라프안축 잠옷

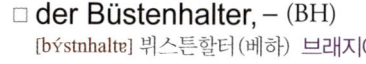

□ der Büstenhalter, – (BH)
[býstnhaltɐ] 뷔스튼할터(베하) 브래지어

□ die Strumpfhose, -n
[ʃtrómpfho:zə] 슈트룸프호제
팬티스타킹

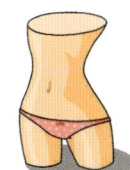

□ der Schlüpfer, – [ʃlýpfɐ] 슐뤼퍼
das Höschen, – [hǿ:sçən] 회스헨 삼각팬티

○ 관련 단어

□ der Unterrock, -röcke [únterɔk] 운터록 슬립, 속치마
□ das Negligé, -s [negliʒé] 네글리제 네글리제
□ das Korsett, -s [kɔrzét] 코르제트 코르셋, 거들
□ der Strumpf, Strümpfe [ʃtrompf] 슈트룸프 스타킹
□ das Schulterpolster, – [ʃúltɐpolstɐ] 슐터폴스터 어깨 패드
□ ärmellos [érmllo:s] 에르믈로스 민소매의, 소매 없는
□ der Reißverschluß, -verschlüsse [ráisfɐɐʃlos] 라이스페어슐루스 지퍼
□ die Spitze, -n [ʃpítsə] 슈피체 레이스

1 인간
2 주거
3 수
4 도시
5 교통
6 의무
7 쇼핑
8 스포츠·취미
9 자연

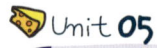

Schuhe und Kleidungszubehör

슈에 운트 클라이둥스추베회어 **신발·기타**

□ **der Stöckelschuh**, -e PL
[ʃtǽklʃuː] 슈퇴클슈 하이힐

□ **der Turnschuh**, -e PL
[túrnʃuː] 투른슈 운동화

□ **die Socke**, -n
[zɔ́kə] 조케 양말

□ **der Lederschuh**, -e PL
[léːdɐʃuː] 레더슈 (가죽) 구두

Heute regnet es und ich trage meine
neuen Lederschuhe!
호이테 레그네트 에스 운트 이히 트라게 마이네
노이엔 레더슈에.
오늘 새 구두를 신었는데, 비가 엄청 오네.

□ **der Stiefel**, –
[ʃtíːfl] 슈티플 부츠

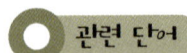 관련 단어

□ **die Sandale**, -n [zandáːlə] 잔달레 샌들

□ **der Pantoffel**, -n [pantɔ́fl] 판토플 슬리퍼

□ **der Schnürsenkel**, – [ʃnýːɐ̯zɛŋkl] 슈뉘어젱클 구두끈

□ **der Absatz**, Absätze [ápzats] 압자츠 굽

□ **die Halskette**, -n [hálskɛtə] 할스케테 목걸이

□ **das Armband**, -bänder [ármbant] 아름반트 팔찌

□ **der Ohrring**, -e [óːɐ̯rɪŋ] 오어링 귀걸이

□ **die Brosche**, -n [brɔ́ʃə] 브로쉐 브로치

□ **der Ring**, -e [rɪŋ] 링 반지

□ **der Hut,** Hüte
[hu:t] 후트 모자

□ **die Baseballkappe,** -n
[béːsboːlkapə] 베스볼카페 야구 모자

□ **der Handschuh,** -e Pl.
[hántʃuː] 한트슈 장갑

□ **die Krawatte,** -n
[kravátə] 크라바테 넥타이

□ **der Schal,** -s
[ʃaːl] 샬 스카프

□ **das Taschentuch,** -tücher
[táʃntuːx] 타쉔투흐 손수건

관련 단어

□ **die Fliege,** -n [flíːgə] 플리게 나비넥타이

□ **der Gürtel,** – [gýrtl] 귀르틀 벨트

□ **die Brille,** -n [brílə] 브릴레 안경

□ **die Haarnadel,** -n [háː̯naːdl] 하르나들 머리핀

□ **die Haarschleife,** -n [háː̯ʃlaifə] 하르슐라이페
der Haarschmuck, -e Sg. [háː̯ʃmʊk] 하르슈묵 머리끈

1 인간
2 주거
3 수
4 도시
5 교통
6 업무
7 소핑
8 스포츠·취미
9 자연

das Kosmetikprodukt, -e 코스메틱프로둑트 **화장품**

☐ das Gesichtswasser,
-wässer _{Sg.} [gəzíçtsvasɐ]
게지히츠바써 스킨

☐ die Lotion, -en
[lotsió:n] 로치온 로션

☐ die Gesichtscreme, -s
[gəzíçtskre:m] 게지히츠크렘 영양 크림

☐ der Puder, – _{Sg.}
[pú:dɐ] 푸더 **콤팩트**

☐ der Make-up Schwamm,
die Make-up Schwämme
[me:káp ʃvam] 메크압 슈밤 **퍼프**

☐ die Grundierung, -en [grʊndí:rʊŋ] 그룬디룽 **파운데이션**
Die Farbe dieser Grundierung passt nicht zu meinem Gesicht.
디 파르베 디저 그룬디룽 파스트 니히트 추 마이넴 게지히트.
이 파운데이션 색조는 내 얼굴에 맞지 않는다.

□ **die Wimperntusche**, -n ^{Sg.}
[vímpɐntuʃə] 빔퍼른투쉐

der Mascara, -s
[maská:ra] 마스카라 마스카라

□ **der Lippenstift**, -e
[lípnʃtɪft] 리픈슈티프트 립스틱

□ **das Parfüm**, -s [parfý:m]
파르퓜 향수

Wie riecht das Parfüm?
비 리히트 다스 파르퓜?
이 향수 냄새 어때요?

□ **der Nagellack**, -e
[ná:gllak] 나글락 매니큐어

□ **sich kämmen** [zɪç kémən]
지히 케멘 머리를 빗다

□ **sich schminken** [zɪç ʃmíŋkn] 지히 슈밍큰 화장하다
In letzter Zeit schminken sich viele Frauen in der U-Bahn.
인 레츠터 차이트 슈밍큰 지히 필레 프라우엔 인 데어 우반.
요즘 지하철에서 화장하는 여자들이 많더라.

1 인간
2 주거
3 수
4 도시
5 교통
6 업무
7 쇼핑
8 스포츠·취미
9 자연

관련 단어

☐ das Lipgloss, – ᴿᵍ [lípglɔs] 립글로스 립글로스

☐ der Lidschatten, – ᴿᵍ [líːtʃatn] 리트샤튼 아이섀도

☐ die Reinigungscreme, -s [ráinɪɡʊŋskreːm] 라이니궁스크렘
클렌징크림

☐ der Reinigungsschaum, -schäume ᴿᵍ
[ráinɪɡʊŋsʃaum] 라이니궁스샤움 폼클렌징

☐ das Sonnenschutzmittel, – [zɔ́nənʃʊtsmɪtl] 존넨슈츠미틀
die Gesichtscreme mit UV-Schutz
[ɡəzíçtskreːm mɪt ufáuʃʊts] 게지히츠크렘 미트 우파우슈츠 자외선 차단 크림

☐ die Seife, -n [záifə] 자이페 세숫(화장)비누

☐ das Haargel, -e [háːɡeːl] 하르겔 헤어 젤

☐ das Haarspray, -s [háːɡʃpreː] 하르슈프레 헤어 스프레이

☐ die Haarbürste, -n [háːɡbʏrstə] 하르뷔르스테 헤어브러시

☐ der Kamm, Kämme [kam] 캄 머리빗

☐ der Föhn, -s [føːn] 푄 헤어드라이어

Dialog

A: Die Sonne scheint heute so stark und ich habe
mich nicht eingecremt.
디 조네 샤인트 호이테 조 슈타르크 운트 이히 하베 미히 니히트 아인게크렘트.
오늘 자외선 차단 크림도 안 발랐는데, 햇빛이 너무 강하다.

B: Echt? Nimm mein Sonnenschutzmittel.
에히트? 님 마인 조넨슈츠미틀.
그래? 내 거 빌려 줄게.

A: Danke. Du pflegst deine Haut wirklich gut!
당케. 두 플렉스트 다이네 하우트 비르클리히 구트!
고마워. 넌 피부 미용 관리는 정말 잘하는구나!

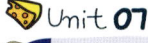
das Haushaltgerät, -e 하우스할트게레트 **가전제품**

1 인간

2 주거

3 수

4 도시

5 교통

6 업무

7 쇼핑

8 스포츠·취미

9 자연

☐ **der Fernseher, –**
[férnze:ɐ] 페른제어
텔레비전

☐ **der Camcorder, –** [kámkɔrdɐ] 캄코르더
die Videokamera, -s [ví:deokaməra]
비데오카메라 **캠코더**

Das ist ein neuer Unterwasser-Camcorder.
다스 이스트 아인 노이어 운터바써 캄코르더.
이건 새로 나온 수중 촬영용 캠코더야.

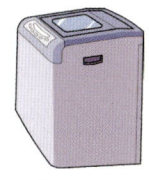

☐ **die Waschmaschine, -n**
[váʃmaʃi:nə] 바쉬마쉬네 세탁기

Weißt du immer noch nicht, wie
man die Waschmaschine bedient?
바이스트 두 이머 노흐 니히트, 비 만 디
바쉬마쉬네 베딘트?
너, 아직 세탁기 사용법도 모르니?

☐ **der Kühlschrank, -schränke**
[ký:lʃraŋk] 퀼슈랑크 냉장고

☐ **die Klimaanlage, -n**
[klí:maanla:gə] 클리마안라게
에어컨

Welche Klimaanlage soll ich
kaufen?
벨헤 클리마안라게 졸 이히 카우픈?
에어컨은 어떤 것으로 사면 좋을까요?

☐ **die Stereoanlage, -n**
[ʃté:reoanla:gə] 슈테레오안라게
오디오 시스템

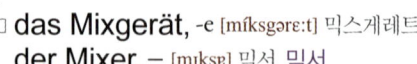

□ **das Mixgerät**, -e [míksgərɛːt] 믹스게레트
der Mixer, – [mɪksɐ] 믹서 믹서

□ **der Reiskocher**, –
[ráiskɔxɐ] 라이스코허 전기밥솥

Zur Zeit haben Reiskocher sehr
verschiedene Funktionen.
추어 차이트 하븐 라이스코허 제어 페어쉬드네
풍크치오넨.
요즘 전기밥솥은 기능이 무척 다양하다.

□ **das Telefon**, -e
[telefóːn] 텔레폰 전화기

□ **das Handy**, -s [héndi] 헨디 핸드폰
Du benutzt dein Handy aber auch
schon lange!
두 베누츠트 다인 헨디 아버 아우흐 숀 랑에!
이 핸드폰 무척 오래 쓰는구나!

□ **das schnurlose Telefon**,
die schnurlosen Telefone
[das ʃnúːɐ̯loːzə telefóːn]
다스 슈누어로제 텔레폰 무선전화기

□ **der CD-Player**, – [tseːdeːpléːɐ̯]
체데플레어 시디플레이어

Zur Zeit gibt es nur wenige Leute,
die einen CD-Player benutzen.
추어 차이트 깁트 에스 누어 베니게 로이테, 디
아이넨 체데플레어 베누츤.
요즘 시디플레이어 쓰는 사람 별로 없더라.

□ **das Bügeleisen**, – [býːglaizn]
뷔글아이즌 전기다리미

206

관련 단어

- □ **der Ventilator,** -en [ventilá:to:ɐ̯] 벤틸라토어 선풍기
- □ **die Fernbedienung,** -en [férnbədi:nʊŋ] 페른베디눙 리모컨
- □ **der Backofen,** -öfen [báko:fn] 박오픈 오븐
- □ **die Mikrowelle,** -n [mí:krovɛlə] 미크로벨레 전자레인지
- □ **der Luftbefeuchter,** – [lúftbəfɔyçtɐ] 루프트베포이히터 가습기
- □ **die Geschirrspülmaschine,** -n [gəʃírʃpy:lmaʃi:nə]
  게쉬어슈필마쉬네 식기 세척기
- □ **der Staubsauger,** – [ʃtáupzaugɐ] 슈타웁자우거 진공 청소기
- □ **die Kaffeemaschine,** -n [káfemaʃi:nə] 카페마쉬네 커피머신
- □ **ein|schalten** [áinʃaltn] 아인샬튼 켜다
- □ **aus|schalten** [áusʃaltn] 아우스샬튼 끄다

Dialog

A: Ich wäre dir dankbar, wenn du den Ventilator ein bisschen herunterdrehen könntest.
이히 베레 디어 당크바, 벤 두 덴 벤틸라토어 아인 비쓰헨 헤룬터드레엔 쾬테스트.
선풍기 바람 조금만 약하게 했으면 좋겠어.

B: Mir ist so heiß, dass ich mich am liebsten in einen Kühlschrank setzen würde.
미어 이스트 조 하이스, 다스 이히 미히 암 립스튼 인 아이넨 퀼슈랑크 제츤 뷔르데.
난 너무 더워서 냉장고 속에라도 들어가고 싶은데.

A: Es tut mir leid, die Klimaanlage ist kaputt.
에스 투트 미어 라이트, 디 클리마안라게 이스트 카푸트.
미안해, 에어컨이 고장나서….

Schmuck und Edelstein

슈묵 운트 에들슈타인 **장신구·보석**

☐ **der Rubin,** -e [rubí:n] 루빈 **루비**
Künstliche Rubine waren früher
teurer.
퀸스틀리헤 루비네 바렌 프뤼어 토이어러.
한때 인조 루비가 더 비싼 적이 있었다.

☐ **der Saphir,** -e
[zá:fır] 자피어 **사파이어**

☐ **der Smaragd,** -e
[smarákt] 스마락트 **에메랄드**

☐ **die Perle,** -n
[pérlə] 페를레 **진주**

Perlen sind Schmuck, die aus
Muscheln gemacht werden.
페를렌 진트 슈묵, 디 아우스 무쉘른
게마흐트 베르든.
진주는 조개가 만들어내는 보석이다.

☐ **der Diamant,** -en
[diamánt] 디아만트 **다이아몬드**

☐ **der Jade,** –
[já:də] 야데 **옥**

☐ **der Kristall,** -e
[krıstál] 크리스탈 **수정**

1 인간

2 주거

3 수

4 도시

5 교통

6 업무

7 쇼핑

8 스포츠·취미

9 자연

관련 단어

□ **das Gold** ^{Sg} [gɔlt] 골트 금

□ **das Silber** ^{Sg} [zílbɐ] 질버 은

□ **das Weißgold** ^{Sg} [váisgɔlt] 바이스골트 백금

□ **der Bernstein,** -e [bérnʃtain] 베른슈타인 호박

□ **die Koralle,** -n [korálə] 코랄레 산호

□ **der Topas,** -e [topás] 토파스 토파즈, 황옥

□ **der Geburtsstein,** -e [gəbúːɐ̯tsʃtain] 게부르츠슈타인 탄생석

□ **vergoldet** [fɛɐ̯gɔ́ldət] 페어골데트 금도금된

□ **golden(aus Gold)** [gɔ́ldn (aus gɔlt)] 골든(아우스 골트) 금으로 된

□ **echt** [ɛçt] 에히트 진짜의

□ **unecht** [únɛçt] 운에히트 가짜의

□ **die Imitation,** -en [imitatsióːn] 이미타치온 모조품

Dialog

A: Ist das ein echter Diamantring?
이스트 다스 아인 에히터 디아만트링?
이거 진짜 다이아몬드 반지 맞니?

B: Ja, klar. Mein Mann (Freund/Verlobter) hat ihn mir geschenkt. Der Ring ist wirklich schön, oder?
야, 클라. 마인 만(프로인트/페어롭터) 하트 인 미어 게솅크트. 데어 링 이스트 비르클리히 쇤, 오더?
그럼, 누가 사준 건데. 정말 예쁘지?

Kuchen und Süßwaren

쿠흔 운트 쥐스바렌 **빵·제과**

□ **das Bonbon**, -s

[bõbṍ:, bɔŋbóɲ] 봉봉 사탕

Es gab einmal einen Film, der
'Pfefferminzbonbon' hieß.

에스 갑 아인말 아이넨 필름, 데어
페퍼민츠봉봉 히스.

'박하사탕' 이라는 영화가 있었지.

□ **die Schokolade**, -n Sg. [ʃokolá:də]

쇼콜라데 **초콜릿**

Dunkle Schokolade soll
Herzkrankheiten vorbeugen.

둥클레 쇼콜라데 졸 헤르츠크랑크하이튼
포어보이근.

다크 초콜릿이 심장병을 예방한다고 한다.

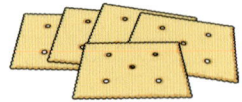

□ **der, das Keks**, -e

[ke:ks] 켁스 비스킷

Ich mag gern einfache Kekse.

이히 막 게른 아인파헤 켁제.

나는 담백한 비스킷이 좋다.

□ **der Kartoffelchip**, -s Pl.

[kartófltʃɪps] 카르토플칲스 **포테이토칩**

□ **der, das Karamell**, -s

[karamél] 카라멜 캐러멜

□ **der Muffin**, -s

[máffɪn] 마핀 머핀

□ **der Rührkuchen, –**
[rýːp̣kuːxn] 뤼어쿠흔 카스텔라

□ **die Geburtstagtorte, -n**
[gəbúːp̣tstaːkstɔrtə] 게부르츠탁스토르테
생일 케이크

관련 단어

□ **der, das Kaugummi,** *-s* [káugumi] 카우구미 껌

□ **das Gebäck,** *-e* Sg [gəbék] 게벡 페이스트리

□ **der gefüllte Obstkuchen,** die gefüllten Obstkuchen
[deːp̣ gəfýltə óːpstkuːxn] 데어 게퓔테 옵스트쿠흔 파이

□ **das Stück,** *-e* [ʃtʏk] 슈튁 조각

□ **der Laib,** *-e* [laip] 라이프 덩어리(단위)

□ **die Kerze,** *-n* [kértsə] 케르체 초

□ **die Dekoration,** *-en* [dekoratsióːn] 데코라치온 장식

Dialog

A: Papa, kaufst du mir bitte einen Kuchen, wenn du
nach Hause kommst.
파파, 카우프스트 두 미어 비테 아이넨 쿠흔, 벤 두 나흐 하우제 콤스트.
아빠, 퇴근하실 때 빵 좀 사다 주세요.

B: Ja. Welchen Kuchen?
야. 벨헨 쿠흔?
그래, 무슨 빵?

A: Ich möchte plötzlich Rührkuchen essen.
이히 뫼히테 플뢰츠리히 뤼어쿠흔 에쎈.
갑자기 카스텔라가 먹고 싶어요.

1 다음 그림과 단어를 연결해 보세요.

•   •   •   •   •

•   •   •   •   •

Kassierer   Münze   Geldschein   Verkäufer   Kunde

2 다음 보기에서 단어를 골라 빈칸에 써넣어 보세요.

a) Kosmetikprodukt   Schmuck   Schreibwaren
   Küchengerät   Haushaltgerät
b) Brot   Getränk   Mehl   Salz   Obst

a) 문구 _____   주방용품 _____   가전제품 _____

   보석 _____   화장품 _____

b) 밀가루 _____   소금 _____   음료수 _____

   빵 _____   과일 _____

3 다음 단어를 독일어 혹은 우리말로 고쳐 보세요.

a) 스웨터 _____   바지 _____   반바지 _____

   조끼 _____   단추 _____

b) 치마 _____   스카프 _____   귀걸이 _____

   목걸이 _____   블라우스 _____

c) Turnschuh _____ Gürtel _____ Handschuh _____

Krawatte _____ Socke _____

d) Parfüm _____ sich schminken _____

Grundierung _____ Lippenstift _____

Mascara _____

4 다음 빈칸에 알맞은 독일어를 써넣어 보세요.

a) 리모컨은 어디 있니?

Wo ist die _____?

b) 가습기를 켜지 그래요?

Soll ich den _____ einschalten?

c) 나는 전기밥솥을 사고 싶다.

Ich möchte einen _____ kaufen.

d) 대부분의 여자들은 보석을 좋아한다.

Die meisten Frauen mögen _____.

e) 이게 진짜 다이아몬드 반지인가요?

Ist das ein echter _____ ring?

f) 나는 그녀의 수정 같은 눈을 사랑한다.

Ich liebe ihre _____ klaren Augen.

g) 아내는 내 생일케이크를 만들었다.

Meine Frau hat für mich eine _____ gebacken.

h) 어린이는 캐러멜을 좋아한다.

Kinder lieben _____.

Theme 8

→ Sport · Hobby
슈포르트 · 호비 **스포츠 · 취미**

1 인간
2 주거
3 수
4 도시
5 교통
6 업무
7 쇼핑
8 스포츠 · 취미
9 지역

die Sportart, -en 슈포르트아르트 운동 종목

* 운동 명칭은 각각 고유한 성을 지니나 보통 무관사 단수형으로 사용된다.

개인 스포츠

☐ (das) Bowling, -s ^{Sg}
[bóːlɪŋ] 보울링 볼링

☐ (das) Golf ^{Sg} [gɔlf] 골프 골프

☐ (das) Tennis ^{Sg}
[ténɪs] 테니스 테니스

☐ (das) Boxen ^{Sg} [bɔ́ksn] 복슨 권투

Boxen war im römischen Reich schrecklich.
복슨 바르 임 뢰미쉔 라이히 슈레클리히.
로마 시대의 권투는 무시무시했다.

☐ (das) Surfen ^{Sg} [zǿːɐ̯fin] 죄르픈
(das) Wellenreiten ^{Sg}
[vélənraitn] 벨렌라이튼 서핑

Surfen hat sich zu einem populären Sport
entwickelt.
죄르픈 하트 지히 추 아이넴 포풀래렌 슈포르트 엔트비클트.
서핑은 대중적인 스포츠가 되었다.

☐ (das) Billard, -e ^{Sg}
[bíljart] 빌야르트 당구

Er spielt gern Billard.
에어 슈필트 게른 빌야르트.
그는 당구를 즐긴다.

□ (das) Inlineskaten _Sg._
[ínlainske:tn] 인라인스케튼
인라인스케이트

□ (das) Angeln _Sg._ [áŋln] 앙을른
(die) Fischerei, -en _Sg._ [fɪʃərái] 피셔라이 낚시

● **관련 단어**

□ (der) Eislauf _Sg._ [áislauf] 아이스라우프 스케이팅

□ (das) Radfahren _Sg._ [rá:tfa:rən] 라트파렌
(der) Radsport _Sg._ [rá:tʃpɔrt] 라트슈포르트 사이클링

□ (das) Reiten _Sg._ [raitn] 라이튼 승마

□ (das) Jogging _Sg._ [ʤɔ́gɪŋ] 죠깅 조깅

□ (das) Skateboarden _Sg._ [ské:tbo:g̣dn] 스케트보르든 스케이트보딩

□ (das) Skilaufen _Sg._ [ʃí:laufn] 쉬라우픈
(das) Skifahren _Sg._ [ʃí:fa:rən] 쉬파렌 스키

□ (das) Fallschirmspringen _Sg._ [fálʃɪrmʃprɪŋən] 팔쉬름슈프링엔
스카이다이빙

□ (das) Sporttauchen _Sg._ [ʃpɔ́rttauxn] 슈포르트타우흔 스쿠버다이빙

□ (das) Snowboarden _Sg._ [snó:bo:g̣dn] 스노보르든 스노보딩

□ (das) Schwimmen _Sg._ [ʃvímən] 슈비멘 수영

□ (das) Bergsteigen _Sg._ [bérkʃtaign] 베르크슈타이근 등산

□ (das) Fitnesstraining, -s _Sg._ [fítnɛstrɛ:nɪŋ] 피트네스트레닝
(das) Krafttraining, -s _Sg._ [kráfttrɛ:nɪŋ] 크라프트트레닝 헬스

단체 스포츠

☐ (der) Fussball _{Sg.} [fú:sbal]
푸스발 축구

Alle Bürger mögen
Fussball.
알레 뷔르거 뫼근 푸스발.
축구는 모든 국민이 좋아한다.

☐ (der) Baseball _{Sg.}
[bé:sbo:l] 베스볼 야구

Baseball ist ein typisch
amerikanischer Sport.
베스볼 이스트 아인 튀피쉬 아메리카니셔
슈포르트.
야구는 가장 미국적인 스포츠다.

☐ (der) Basketball _{Sg.}
[bá(:)skətbal] 바스켓발 농구

☐ (der) Volleyball _{Sg.}
[vólibal] 볼리발 배구

☐ (das) Rafting _{Sg.}
[rá:ftɪŋ] 라프팅 래프팅

관련 단어

- □ (das) Hockey Sg. [hɔ́ki] 호키 하키
- □ (das) Eishockey Sg. [áishɔki] 아이스호키 아이스하키
- □ (das) Tischtennis Sg. [tíʃtɛnis] 티쉬테니스 탁구
- □ das Sportgerät, -e [ʃpɔ́rtgərɛːt] 슈포르트게레트 운동 기구
- □ der Fussball, -bälle [fúːsbal] 푸스발 축구공
- □ der Schläger, – [ʃlɛ́ːgɐ] 슐레거 라켓
- □ der Baseballschläger, – [béːsboːlʃlɛːgɐ] 베스볼슐레거 야구 배트
- □ der (Schlag)helm, -e [(ʃláːk)hɛlm] (슐락)헬름 헬멧
- □ die Gesichtsmaske, -n [gəzíçtsmaskə] 게지히츠마스케 마스크
- □ der Baseballhandschuh, -e [béːsboːlhantʃuː] 베스볼한트슈 글러브
- □ das Schulterpolster, – [ʃúltɐpɔlstɐ] 슐터폴스터 어깨 보호대
- □ der Schlittschuh, -e PL. [ʃlítʃuː] 슐리트슈 스케이트
- □ der Bergschuh, -e PL. [bérkʃuː] 베르크슈 등산화
- □ die Angelrute, -n [áŋlruːtə] 앙을루테 낚싯대
- □ der Köder, – [kǿːdɐ] 쾨더 미끼, 낚싯밥
- □ die Stoppuhr, -en [ʃtɔ́puːɐ] 슈톱우어 스톱워치
- □ der Tauchanzug, -anzüge [táuxantsuːk] 타우흐안축 잠수복
- □ die Flosse, -n [flɔ́sə] 플로세 물갈퀴, 오리발
- □ die Druckluftflasche, -n [drókluftflaʃə] 드룩루프트플라쉐 산소통
- □ der Atemregler, – [áːtəmreːglɐ] 아템레글러 수중 호흡기

219

Im Schwimmbad 임 슈빔바트 **수영장에서**

☐ **schwimmen** [ʃvímən] 슈비멘
수영하다

Es ist gefährlich, in fließenden
Gewässern zu schwimmen.
에스 이스트 게페얼리히, 인 플리쓴든
게베써른 추 슈비멘.
흐르는 물에서 수영하는 것은 위험하다.

☐ **sich dehnen** [zıç dé:nən] 지히 데넨
sich strecken [zıç ʃtrékn] 지히 슈트레큰
스트레칭하다

☐ **ins Wasser springen**
[ıns vásɐ ʃpríŋən] 인스 바써 슈프링엔 **다이빙하다**

☐ **der Sprungturm,** -türme
[ʃprúŋtʊrm] 슈프룽투름 **다이빙대**

☐ **der Schwimmreifen,** –
[ʃvímraifn] 슈빔라이픈 **튜브**

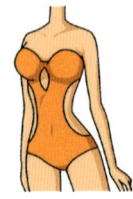

☐ **der Badeanzug,** -anzüge
[bá:dəantsu:k] 바데안축 **수영복**

Oh, nein. Ich habe meinen Badeanzug
nicht dabei.
오, 나인. 이히 하베 마이넨 바데안축 니히트 다바이.
이런, 수영복을 안 가져왔네.

☐ **die Schwimmbrille,** -n
[ʃvímbrılə] 슈빔브릴레 **물안경**

220

1 인간

2 주거

3 수

4 도시

5 교통

6 업무

7 쇼핑

8 스포츠·취미

9 자연

관련 단어

- □ das Kraulschwimmen Sg. [kráulʃvɪmən] 크라울슈비멘 **자유형**
- □ das Brustschwimmen Sg. [brústʃvɪmən] 브루스트슈비멘 **평영**
- □ das Schmetterlingsschwimmen Sg. [ʃmétɐlɪŋsʃvɪmən]
  슈메터링스슈비멘 **접영**
- □ das Rückschwimmen Sg. [rýkʃvɪmən] 뤽슈비멘 **배영**
- □ der Rettungsschwimmer, – [rétʊŋsʃvɪmɐ] 레퉁스슈비머 **안전 요원**
- □ die Rettungsweste, -n [rétʊŋsvɛstə] 레퉁스베스테 **구명조끼**
- □ der Krampf, Krämpfe [krampf] 크람프 **쥐, 경련**
- □ die Wasserrutsche, -n [vásɐrʊtʃə] 바써루췌 **미끄럼틀**
- □ die Schwimmbahn, -en [ʃvímbaːn] 슈빔반 **(수영장의) 레인**
- □ die Badekappe, -n [báːdəkapə] 바데카페
  die Bademütze, -n [báːdəmʏtsə] 바데뮈체 **수영 모자**
- □ der Bikini, -s [bikíːni] 비키니 **비키니**
- □ das Sonnenbad, -bäder [zónənbaːt] 조넨바트 **선탠**

Dialog

A: Heute lernen wir Schmetteringsschwimmen.
  호이테 레르넨 비어 슈메터링스슈비멘.
  오늘 배울 수영 종목은 접영입니다.

B: Ist das nicht schwer? Ich kann noch nicht gut kraulen.
  이스트 다스 니히트 슈베어? 이히 칸 노흐 니히트 구트 크라울렌.
  어렵지 않나요? 아직 자유형도 제대로 못하는데요.

221

Im Fitnesscenter 임 피트네스센터 **헬스클럽에서**

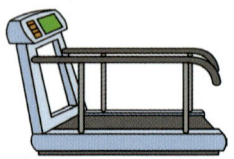

☐ **das Laufband,** -bänder
[láufbant] 라우프반트 러닝머신

☐ **das Trimmrad,** -räder
[trímra:t] 트림라트 사이클론

☐ **die Scheibenhantel,** -n
[ʃáibnhantl] 샤이븐한틀 **역기**

Ich trainiere morgens mit der
Scheibenhantel.
이히 트레니레 모르근스 미트 데어
샤이븐한틀.
나는 아침마다 역기로 운동을 한다.

☐ **die Hantel,** -n
[hántl] 한틀 **아령**

☐ **der Trainer,** –
[tré:nɐ] 트레너 **코치**

Unser Mannschaftstrainer ist
sehr streng.
운저 만샤프츠트레너 이스트 제어 슈트렝.
우리 팀의 코치는 아주 엄격하다.

☐ **der Klimmzug,** -züge
[klímtsu:k] 클림축 **턱걸이**

Mein Bruder schafft keinen
einzigen Klimmzug.
마인 브루더 샤프트 카이넨 아인치근 클림축.
내 동생은 턱걸이를 한 번도 못한다.

□ **der Liegestütz**, -e [líːgəʃtʏts]
리게슈튀츠 **팔굽혀펴기**

□ **der Sit-up**, -s [zɪt-ʌp, sɪt-ʌp]
지트업, 시트업 **윗몸일으키기**

관련 단어

□ **das Gewichtheben** Sg. [gəvíçtheːbn] 게비히트헤븐 **역기 들어올리기**

□ **das Sport T-shirt**, -s [ʃpórt tíːʃeːɐ̯t] 슈포르트 티셔르트 <u>스포츠 셔츠</u>

□ **(das, die) Aerobic** Sg. [ɛróːbɪk] 에로빅 **에어로빅**

□ **(das) Seilspringen** Sg. [záilʃprɪŋən] 자일슈프링엔 **줄넘기**

□ **trainieren** [trɛníːrən] 트레니렌 **(몸을) 단련하다**

□ **sich auf|wärmen** [zɪç áufvɛrmən] 지히 아우프베르멘 **준비 운동을 하다**

Dialog

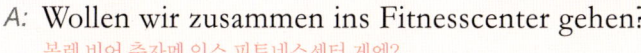

A: Wollen wir zusammen ins Fitnesscenter gehen?
볼렌 비어 추자멘 인스 피트네스센터 게엔?
우리 같이 헬스클럽에 다니는 건 어떨까?

B: Lass mich in Ruhe! Geh allein!
라스 미히 인 루에! 게 알라인!
귀찮아. 너나 다녀.

A: Wenn du so weitermachst, wirst du wirklich dick.
벤 두 조 바이터마흐스트, 비르스트 두 비르클리히 딕.
너 그러다가 정말 돼지 된다.

das Hobby, -s 호비 **취미**

☐ **das Lesen** Sg

[lé:zn] 레즌 **독서**

Das kleine Kind scheint gern zu lesen.
다스 클라이네 킨트 샤인트 게른 추 레즌.
어린아이가 독서를 참 좋아하는구나.

☐ **die Sternenbeobachtung** Sg

[ʃtérnənbəo:baxtʊŋ] 슈테르넨베옵아흐퉁
천체 관측

☐ **die Töpferei** Sg

[tœpfərái] 퇴퍼라이 **도예**

Ich habe diese Tasse in meinem Töpferkurs selbst gemacht.
이히 하베 디제 타쎄 인 마이넴 퇴퍼쿠어스
젤프스트 게마흐트.
이 컵은 내가 도예 수업에서 직접 만든 거야.

☐ **der Modellbau** Sg

[modélbau] 모델바우 **모형 제작**

☐ **die Stickerei** Sg

[ʃtɪkərái] 슈티커라이 **자수**

☐ **das Stricken** Sg

[ʃtríkn] 슈트리큰 **뜨개질**

Ich finde Stricken sehr schwer.
이히 퓐데 슈트리큰 제어 슈베어.
내게는 뜨개질이 정말 어렵다.

☐ **das Origami** Sg

[origá:mi] 오리가미
종이접기

224

1 인간

2 주거

3 수

4 도시

5 교통

6 업무

7 쇼핑

8 스포츠·취미

9 자연

관련 단어

- □ **das Nähen** ᴳ [nɛ́:ən] 네엔 바느질
- □ **die Fotografie,** -n ᴳ [fotografí:] 포토그라피 사진 촬영
- □ **das Kochen** ᴳ [kóxn] 코흔 요리
- □ **Briefmarken sammeln** [brí:fmarkn zámln] 브리프마르큰 잠믈른 우표 수집
- □ **das Puzzlespiel,** -e ᴳ [pázlʃpi:l] 파즐슈필 조각 퍼즐 맞추기
- □ **die Kalligrafie** ᴳ [kaligrafí:] 칼리그라피 서예
- □ **das Baduk** [bá:dʊk] 바둑
  Go-Spiel ᴳ [góːʃpi:l] 고슈필 바둑
- □ **das chinesische Schachspiel** ᴳ
  [das çiné:zɪʃə ʃáxʃpi:l] 다스 히네지쉐 샤흐슈필 장기
- □ **das Schachspiel** ᴳ [ʃáxʃpi:l] 샤흐슈필 체스

Dialog

A: Was ist Ihr Hobby?
바스 이스트 이어 호비?
취미가 뭐예요?

B: Ich fotografiere gern.
이히 포토그라피레 게른.
사진 찍는 걸 좋아해요.

A: Sie haben ein schönes Hobby.
지 하븐 아인 쇠네스 호비.
좋은 취미를 가지셨네요!

B: Das denke ich auch.
다스 뎅케 이히 아우흐.
저도 그렇게 생각한답니다.

die Spielkarte, -n 슈필카르테 **카드 게임**

☐ **der König**, -e
[kó:nɪç] 쾨니히 킹(K)

☐ **das As**, -se [as] 아스 에이스(A)
Ich glaube, dass er ein As hat.
이히 글라우베, 다스 에어 아인 아스 하트.
그는 에이스를 가지고 있는 것 같다.

☐ **die Dame**, -n
[dá:mə] 다메 퀸(Q)

☐ **der Bube**, -n
[bú:bə] 부베 잭(J)

☐ **der Joker**, – [dʒó:kɐ] 죠커 조커(JOKER)
Ich werde wohl den Joker legen müssen.
이히 베르데 볼 덴 죠커 레근 뮈쓴.
아무래도 조커를 내야겠네.

☐ **die Farbe Karo** Sg.
[di: fárbə ká:ro] 디 파르베 카로
다이아몬드(◆)

☐ **die Farbe Pik** Sg.
[di: fárbə pi:k] 디 파르베 픽
스페이드(♠)

□ die Farbe Herz _{Sg.}
[di: fárbə herts] 디 파르베 헤르츠
하트(♥)

□ die Farbe Kreuz _{Sg.}
[di: fárbə krɔyts] 디 파르베 크로이츠
클로버(♣)

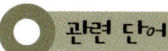 관련 단어

- □ der Trumpf, Trümpfe [trumpf] 트룸프 트럼프
- □ das Kartendeck, -s [kártndɛk] 카르튼데크 카드 한 벌
- □ die Karten mischen [di: kártn míʃn] 디 카르튼 미션 카드를 섞다
- □ die Karten aus|teilen [di: kártn áustailən] 디 카르튼 아우스타일렌
  카드를 배분하다
- □ die Reihe, -n [ráiə] 라이에 차례
- □ gewinnen [gəvínən] 게비넨 이기다
- □ verlieren [feɐ̯líːrən] 페어리렌 지다

Dialog

A: Lass uns Karten spielen!
라스 운스 카르튼 슈필렌!
우리 카드 게임하자.

B: Das kann ich nicht.
다스 칸 이히 니히트.
난 못 하는데.

A: Du kannst nicht Karten spielen? Das ist ganz
einfach. Ich werde es dir zeigen.
두 칸스트 니히트 카르튼 슈필렌? 다스 이스트 간츠 아인파흐. 이히 베르데 에스
디어 차이근.
그걸 못 한다구? 쉬워. 내가 가르쳐 줄게.

die Reise, -n 라이제 **여행**

☐ der Tourismus, –
[turísmʊs] 투리스무스 관광

☐ reisen [ráizn] 라이즌
eine Reise machen
[ainə ráizə máxn] 아이네 라이제 마흔
관광하다

☐ der Tourist, -en
die Touristin, -nen
[turíst] 투리스트 관광객

Die Touristen besuchen meistens
diese historische Stätte.
디 투리스튼 베주흔 마이스튼스 디제
히스토리쉐 슈테테.
관광객들은 주로 이 유적지를 찾는다.

☐ die Nachttour, -en
[náxttu:ɐ̯] 나흐트투어

die Nachtführung, -en
[náxtfy:rʊŋ] 나흐트퓌룽
야간 관광

☐ der Aussichtsturm, -türme
[áuszɪçtstʊrm] 아우스지히츠투름 전망대

☐ das Souvenir, -s
[zuvəní:ɐ̯] 주베니어 기념품

Dieses Souvenir habe ich für dich gekauft.
디제스 주베니어 하베 이히 퓌어 디히 게카우프트.
이 기념품은 너 주려고 사온 거야.

1 인간

2 주거

3 수

4 도시

5 교통

6 업무

7 스포츠

8 스포츠·취미

9 자연

관련 단어

□ **die Reise**, -n [ráizə] 라이제
  die Fahrt, -en [faːɐ̯t] 파르트 **여행**

□ **das Reisebüro**, -s [ráizəbyroː] 라이제뷔로 **여행사**

□ **die Reservierung**, -en [rezerví:rʊŋ] 레저비룽 **예약**

□ **die Urlaubszeit**, -en Sg. [úːɐ̯laupstsait] 우얼라웁스차이트 **휴가 기간**

□ **der Reiseleiter**, − , **die Reiseleiterin**, -nen [ráizəlaitɐ]
  라이제라이터 **가이드, 관광 안내원**

□ **der Tagesausflug**, -ausflüge [táːɡəsausfluːk] 타게스아우스플룩 **당일 여행**

□ **die Gruppenreise**, -n [grúpnraizə] 그루픈라이제 **단체 여행**

□ **die Rucksackreise**, -n [rúkzakraizə] 룩작라이제 **배낭 여행**

□ **die Auslandreise**, -n [áuslantraizə] 아우스란트라이제 **해외 여행**

□ **die Kreuzfahrt**, -en [krɔ́ytsfaːɐ̯t] 크로이츠파르트 **선박 여행**

□ **die Seekrankheit** Sg. [zéːkraŋkhait] 제크랑크하이트 **뱃멀미**

□ **der Tourenbus**, -se [túːrənbʊs] 투렌부스 **관광 버스**

□ **die Reiseroute**, -n [ráizəruːtə] 라이제루테 **관광 코스**

□ **die historische Stätte**, die historischen Stätten
  [diː hɪstóːrɪʃə ʃtétə] 디 히스토리쉐 슈테테 **유적지, 옛터**

Dialog

A: Ich habe ab Samstag Urlaub. Wollen wir zusammen
   eine Reise machen?
   이히 하베 압 잠스탁 우얼라웁. 볼렌 비어 추자멘 아이네 라이제 마흔?
   나 토요일부터 휴가야. 같이 여행 가지 않을래?

B: Es tut mir leid. Ich habe schon im Reisebüro
   reserviert, weil ich mit meiner Familie eine Reise
   machen möchte.
   에스 투트 미어 라이트. 이히 하베 숀 임 라이제뷔로 레저비어트, 바일 이히 미트
   마이너 파밀리에 아이네 라이제 마흔 뫼히테.
   미안, 벌써 가족이랑 가려고 여행사에 예약했는데….

Beim Sonnenbad 바임 조넨바트 **일광욕에서**

❶ die Sonnenbrille, -n
[zónənbrɪlə] 조넨브릴레 **선글라스**

❷ der Sonnenschirm, -e
[zónənʃɪrm] 조넨쉬름 **파라솔**

❸ der Bikini, -s
[bikíːni] 비키니 **비키니**

☐ **das Sonnenschutzmittel, –**
[zónənʃʊtsmɪtl] 조넨슈츠미틀 **자외선 차단 크림**

☐ **die Welle, -n** [vélə] 벨레 **파도**
Der Klang der Wellen ist
wirklich erfrischend.
데어 클랑 데어 벨렌 이스트 비르클리히
에어프리쉰트.
파도 소리가 정말 시원하다.

☐ **die Muschel, -n** [múʃl] 무쉘 **조개**
Aua! Ich bin auf eine Muschelschale
getreten.
아우아! 이히 빈 아우프 아이네 무쉘샬레 게트레텐.
아야! 조개 껍질을 밟았어.

1 인간

2 주거

3 수

4 도시

5 교통

6 업무

7 쇼핑

8 스포츠·취미

9 자연

관련 단어

□ **das Meer**, -e [meːɐ] 메어 바다

□ **der Strand**, Strände [ʃtrant] 슈트란트 해변

□ **die Sonne** Sg. [zónə] 조네 태양

□ **der Sand** Sg. [zant] 잔트 모래

□ **die Möwe**, -n [mǿːvə] 뫼베 갈매기

□ **der Sonnenaufgang**, -aufgänge [zónənaufgaŋ] 조넨아우프강 일출

□ **der Sonnenuntergang**, -untergänge [zónənʊntɐgaŋ] 조넨운터강 일몰

□ **der Wasserball**, -bälle [vásɐbal] 바써발 비치볼

□ **der Sonnenhut**, -hüte [zónənhuːt] 조넨후트 차양 모자

□ **das Sonnenöl**, -e [zónənøːl] 조넨욀 선탠오일

A: Ich glaube, ich habe einen Sonnenbrand
bekommen. Meine Haut brennt.
이히 글라우베, 이히 하베 아이넨 조넨브란트 베코멘. 마이네 하우트 브렌트.
나 피부가 너무 많이 탔나 봐. 따가워

B: Sollen wir dann besser hineingehen?
졸렌 비어 단 베써 힌아인게엔?
그만 안으로 들어갈까?

A: Ja. Ich werde drinnen eine Gurkenmaske auftragen.
야. 이히 베르데 드린넨 아이네 구르켄마스케 아우프트라겐.
그래. 들어가서 오이팩 좀 해야겠어.

231

Beim Fernsehen 바임 페른제엔 텔레비전에서

□ **der Fernsehkanal,** -kanäle
[férnze:kana:l] 페른제카날 **텔레비전 채널**

□ **der Moderator,** -en
[moderá:to:ɐ] 모데라토어 **사회자**

□ **der Komiker,** –
[kó:mikɐ] 코미커 **개그맨**

□ **die direkte Berichterstattung,**
die direkten Berichterstattungen
[di: dirktə bəríçtɛɐʃtatuŋ] 디 디렉테 베리히트에어슈타퉁

der aktuelle Bericht, die aktuellen Berichte
[de:ɐ aktuélə bəríçt] 데어 악투엘레 베리히트 **생중계**

□ **der Kommentator,** -en
[kɔmentá:to:ɐ] 코멘타토어 **해설자**

Der Kommentator ist ja
wirklich langweilig.
데어 코멘타토어 이스트 야 비르클리히
랑바일리히.
저 해설자 정말 재미없게 하네.

□ **die Werbung,** -en [vérbuŋ] 베르붕 **광고**
Das nervt! Warum gibt es so viel
Werbung?
다스 네르프트! 바룸 깁트 에스 조 필 베르붕?
짜증나, 광고는 왜 이렇게 많아?

1 인간

2 주거

3 수

4 도시

5 교통

6 업무

7 쇼핑

8 스포츠·취미

9 자연

관련 단어

- □ **das Massenmedium**, -medien Pl. [mássnme:diʊm] 마쎈메디움 **매스컴**
- □ **der Zuschauer**, – [tsú:ʃauɐ] 추샤우어 **시청자**
- □ **das Fernsehprogramm**, -e [férnze:program] 페른제프로그람 **프로그램**
- □ **der Produzent**, -en [produtsént] 프로두첸트 **프로듀서, PD**
- □ **die Hauptsendezeit** Sg. [háuptzɛndətsait] 하우프트젠데차이트 **황금시간대**
- □ **der, die Prominente**, -n [prominéntə] 프로미넨테 **연예인**
- □ **die Band**, -s [bɛnt] 벤트 **그룹사운드**
- □ **der Synchronsprecher**, –
  die Synchronsprecherin [zʏnkró:nʃpreçɐ] 쥔크론슈프레허 **성우**
- □ **der Sänger**, – , **die Sängerin**, -nen [zéŋɐ] 젱어 **가수**
- □ **das Fernsehdrama**, -dramen [férnze:dra:ma] 페른제드라마
  die Fernsehserie, -n [férnze:ze:riə] 페른제제리에 **드라마, 연속극**
- □ **das Exklusivinterview**, -s [ɛkskluzí:vɪntɐvju:] 엑스클루지브인터뷰 **독점 취재**
- □ **die Wiederholungssendung**, -en [ví:dɐhó:lʊŋszɛndʊŋ]
  비더홀룽스젠둥 **재방송**

Dialog

A: Mein Drama(meine Serie) beginnt gleich. Schalt bitte um!
마인 드라마(마이네 제리에) 베긴트 글라이히. 샬트 비테 움!
드라마 할 시간이구나. 채널 좀 돌려 봐.

B: Ach, nein. Mama, ich will Baseball sehen.
아흐, 나인. 마마, 이히 빌 베스볼 제엔.
아, 안 돼요. 엄마, 야구 봐야 돼요.

233

Beim Film, Im Kino 바임 필름, 임 키노 **극장에서**

❶ die (Film)leinwand, -wände [(fĭlm)lainvant] (필름)라인반트 **영화 스크린**

❷ der Sitzplatz, -plätze [zítsplats] 지츠플라츠 **좌석**

❸ der Zuschauer, – [tsú:ʃauɐ] 추샤우어
das Publikum, Publika, Publiken ^{Sg.} [pú:blikʊm] 푸블리쿰 **관객**

❹ das Popcorn ^{Sg.} [pópcɔrn] 팝코른 **팝콘**

☐ der Kiosk, -e [kí:ɔsk] 키오스크
der Verkaufsstand, -stände
[fɐ̯káufsʃtant] 페어카우프스슈탄트
매점

☐ die Kinokasse, -n
[kí:nokasə] 키노카쎄 **매표소**

Warum ist die Schlange vor der
Kinokasse so lang?
바룸 이스트 디 슐랑에 포어 데어 키노카쎄 조 랑?
매표소 앞에 웬 줄이 저렇게 길지?

☐ der Hauptdarsteller, –
die Hauptdarstellerin, -nen [háuptdarʃtelɐ]
하우프트다르슈텔러 **주인공**

□ **die Tragödie,** -n [tragǿ:diə] 트라괴디에 비극

□ **tragisch** [trágɪʃ] 트라기쉬 비극적인
Dieser Film ist wirklich tragisch.
디저 필름 이스트 비르클리히 트라기쉬.
이 영화 그야말로 비극적이다.

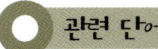

□ **das Kino,** -s [kí:no] 키노 영화관

□ **das Kinoprogramm,** -e [kí:noprogram] 키노프로그람 상영 시간표

□ **die Kinokarte,** -n [kí:nokartə] 키노카르테 영화표

□ **die Rolle,** -n [rɔ́lə] 롤레
die Rollenbesetzung, -en [rɔ́lənbəzɛtsʊŋ] 롤렌베제충 배역, 역할

□ **der Horrorfilm,** -e [hɔ́ro:ɐ̯film] 호로어필름
der Thriller, – [θrílɐ] 스릴러 공포 영화, 스릴러 영화

□ **der Zeichentrickfilm,** -e [tsáiçntrɪkfilm] 차이흔트릭필름 만화영화

□ **die Komödie,** -n [komǿ:diə] 코뫼디에 코믹 영화

□ **der Actionfilm,** -e [ɛ́kʃnfilm] 액쉰필름 액션 영화

Dialog

A: Lass uns ins Kino gehen!
라스 운스 인스 키노 게엔!
우리 영화 보러 가자!

B: Zeigen sie einen gruseligen Horrorfilm?
차이근 지 아이넨 그루젤리근 호로어필름?
오싹한 공포 영화 하니?

A: Nein. Ich will eigentlich eine Komödie sehen.
나인. 이히 빌 아이근틀리히 아이네 코뫼디에 제엔.
아니, 난 코믹 영화 보려고 하는데….

Im Konzert 임 콘체르트 **연주회에서**

□ das Orchester, –
[ɔrkéstɐ] 오르케스터 **관현악단**

□ der Dirigent, -en
[dirigént] 디리겐트 **지휘자**

□ der Dirigentenstab, -stäbe
[dirigéntnʃtaːp] 디리겐튼슈탑 **지휘봉**

□ die Noten PL [nóːtn] 노튼 **악보**

□ das Dirigentenpodium, -podien
[dirigéntnpoːdiʊm] 디리겐튼포디움 **지휘대**

□ die Geige, -n [gáigə] 가이게
die Violine, -n [violíːnə]
비올리네 **바이올린**

□ die Posaune, -n
[pozáunə] 포자우네
트롬본

□ das Cello, Celli [tʃélo] 첼로
das Violoncello, -celli
[violɔntʃélo] 비올론첼로 **첼로**

□ das Klavier, -e [klavíːɐ̯] 클라비어
das Piano, -s [piáːno] 피아노 **피아노**

□ die Trompete, -n
[trɔmpéːtə] 트롬페테 **트럼펫**

236

□ **die Trommel**, -n [trɔ́ml] 트롬믈 드럼
□ **der Schlagzeuger**, – [ʃláːktsɔʏgɐ] 슐락초이거 드러머

□ **die Gitarre**, -n [gitárə] 기타레 기타
□ **der Gitarrist**, -en [gitaríst] 기타리스트 기타리스트

Der Gitarrist spielt sehr auffällig.
데어 기타리스트 슈필트 제어 아우프펠리히.
저 기타리스트 손놀림이 정말 화려하다.

관련 단어

□ **der Musiker**, – [múːzikɐ] 무지커 음악가, 뮤지션
□ **die Oper**, -n [óːpɐ] 오퍼 오페라
□ **das Opernglas**, -gläser [óːpɐnglaːs] 오퍼른글라스 오페라 안경
□ **die Operette**, -n [opərétə] 오페레테 희가극(코믹 오페라)
□ **das Musical**, -s [mjúːzikl] 뮤지클 뮤지컬
□ **die Sinfonie**, -n [zɪnfoníː] 진포니 교향곡, 심포니
□ **das Streichquartett**, -e [ʃtráiçkvartet] 슈트라이히크바르테트 현악사중주
□ **das Ensemble**, -s [ãsã́ːbl] 앙상블 앙상블

Dialog

A: Das war ein wunderschönes Konzert.
다스 바르 아인 분더쇠네스 콘체르트.
야, 멋진 공연이었어.

B: Ja. Der Violinist(Geiger) war wirklich großartig.
야. 데어 비올리니스트(가이거) 바르 비르클리히 그로스아르티히.
그렇지. 바이올린 연주자 정말 대단하더라.

A: Das Klavierspiel war aber auch schön.
다스 클라비어슈필 바르 아버 아우흐 쇤.
피아노 연주도 훌륭했잖아.

1 인간
2 주거
3 수
4 도시
5 교통
6 업무
7 쇼핑
8 스포츠·취미
9 자연

Im Vergnügungspark
임 페어그뉘궁스파르크 **놀이공원에서**

□ **der Zoo,** -s [tso:] 초 **동물원**

□ **der Luftballon,** -s
[lʊftbalõ:, lʊftbalõŋ]
루프트발롱 **풍선**

□ **der Clown,** -s
[klaun] 클라운 **어릿광대**
Schau mal, der Clown tanzt.
샤우 말, 데어 클라운 탄츠트.
저 어릿광대 춤추는 거 봐.

□ **das Riesenrad,** -räder
[rí:znra:t] 리즌라트 **회전 관람차**
Sollen wir auch mit dem
Riesenrad fahren?
졸렌 비어 아우흐 미트 뎀 리즌라트 파렌?
우리 회전 관람차도 타볼까?

□ **die Achterbahn,** -en
[áxtɐba:n] 아흐터반 **롤러코스터**

□ **das Karussell,** -s
[karusél] 카루쎌 **회전 목마**

238

□ der Kiosk, -e [kíːɔsk] 키오스크
der Verkaufsstand, -stände [feɐ̯káufsʃtant]
페어카우프스슈탄트 매점

□ die Zuckerwatte, -n
[tsókɐvatə] 추커바테 솜사탕

Mama, ich möchte Zuckerwatte essen.
마마, 이히 뫼히테 추커바테 에쓴.
엄마, 나 솜사탕 먹고 싶어.

관련 단어

□ die Information, -en [ɪnfɔrmatsióːn] 인포르마치온 안내소

□ das Fahrgeschäft, -e [fáːɐ̯ɡəʃeft] 파르게쉐프트 탈것, 놀이기구 (통틀어서 말함)

□ die Drahtseilbahn, -en [dráːtzailbaːn] 드라트자일반 케이블카

□ der Autoscooter, – [áutoskuːtɐ] 아우토스쿠터 범퍼카

□ die Sehnswürdigkeit, -en PL [zéːnsvʏrdɪçkait] 젠스뷔르디히카이트
구경거리

□ die Seebärenschau Sg [zéːbɛːɐ̯nʃau] 제베른샤우 물개 쇼

□ der botanischer Garten, die botanischen Gärten
[deːɐ̯ botáːnɪʃɐ gártn] 데어 보타니셔 가르튼 식물원

□ die Rutschbahn, -en [rútʃbaːn] 루취반 미끄럼틀

□ die Schaukel, -n [ʃáukl] 샤우클 그네

□ der Eingang, -gänge [áingaŋ] 아인강 입구

□ der Ausgang, -gänge [áusgaŋ] 아우스강 출구

1 인간
2 주거
3 수
4 도시
5 교통
6 업무
7 쇼핑
8 스포츠·취미
9 자연

1 다음 단어를 독일어 혹은 우리말로 고쳐 보세요.

a) 볼링 _____   수영 _____   낚시 _____

   탁구 _____   스카이다이빙 _____

b) 축구 _____   야구 _____   농구 _____

   배구 _____   스케이팅 _____

c) Baseballschläger _____   Schlaghelm _____

   Schläger _____   Gesichtsmaske _____

   Baseballhandschuh _____

d) 자유형 _____   튜브 _____   물안경 _____

   수영복 _____   스트레칭하다 _____

2 다음 보기에서 단어를 골라 빈칸에 써넣어 보세요.

a) Laufband   Sit–up   Liegestütz
   Klimmzug   Scheibenhantel
b) Töpferei   Stricken   Lesen
   Kochen   Stickerei
c) Reihe   gewinnen   verlieren
   Trumpf   die Karten mischen

a) 턱걸이 _____   윗몸일으키기 _____

   러닝머신 _____   팔굽혀펴기 _____   역기 _____

b) 뜨개질 _____   요리 _____   자수 _____

독서 _____   도예 _____

c) 트럼프 _____   이기다 _____   지다 _____

차례_____   카드를 섞다 _____

3 다음 그림과 단어를 연결해 보세요.

·   ·   ·   ·

·   ·   ·   ·

reisen   Nachttour   Aussichtsturm   Tourist

4 다음 빈칸에 알맞은 독일어를 써넣어 보세요.

a) 내가 가장 좋아하는 개그맨은 신동엽이다.

Mein Lieblings _____ ist Shin Dongyeop.

b) TV 광고는 상당히 효과적이다.

Die Fernseh _____ ist ziemlich effektiv.

c) 나는 액션 영화를 좋아한다.

Ich mag _____.

d) 요즘은 영화를 DVD로 본다.

In letzter Zeit sieht man _____ auf DVD.

5 다음 단어를 독일어 혹은 우리말로 고쳐 보세요.

a) 바이올린 _____   Dirigent _____

   기타 _____   피아노 _____

   Noten _____

b) 풍선 _____   동물원 _____

   솜사탕 _____   Clown _____

   Karussell _____

1 a) Bowling Schwimmen   Angeln Tischtennis Fallschirmspringen
  b) Fussball Baseball Basketball Volleyball Eislauf
  c) 야구배트 헬멧 라켓 마스크 글러브
  d) Kraulschwimmen Schwimmreifen Schwimmbrille Badeanzug sich dehnen
2 a) Klimmzug Sit—up Laufband Liegestütz Scheibenhantel
  b) Stricken Kochen Stickerei Lesen Töpferei
  c) Trumpf gewinnen verlieren Reihe die Karten mischen
3 관광객 – Tourist 관광하다 – reisen 야간 관광 – Nachttour 전망대 – Aussichtsturm
4 a) komiker b) werbung c) Actionfilm d) Film
5 a) Geige 지휘자 Gitarre Klavier 악보
  b) Luftballon Zoo Zuckerwatte 어릿광대 회전목마

Theme 9

➜ Natur 나투어 자연

1 인간
2 주거
3 수
4 도시
5 교통
6 업무
7 쇼핑
8 스포츠·취미
9 지역

das Tier, -e 티어 **동물**

□ **das Pferd**, -e
[pfeːɐ̯t] 페르트 **말**

□ **der Tiger**, –
[tíːgɐ] 티거 **호랑이**

□ **der Fuchs**, Füchse
[fʊks] 푹스 **여우**

□ **das Zebra**, -s
[tséːbra] 체브라
얼룩말

□ **der Elefant**, -en
[elefánt] 엘레판트 **코끼리**

□ **der Bär**, -en
[bɛːɐ̯] 베어 **곰**

□ **das Kamel**, -e
[kaméːl] 카멜 **낙타**

□ **die Giraffe**, -n
[giráfə] 기라페 **기린**

□ **der Hirsch**, -e
[hɪrʃ] 히르쉬 **사슴**

244

□ **der Wolf**, Wölfe [vɔlf] 볼프 늑대

Der Wolf ist ein Tier, das in Monogamie lebt.
데어 볼프 이스트 아인 티어, 다스 인 모노가미 렙트.
늑대는 일부일처 하는 동물이래.

□ **der Affe**, -n
[áfə] 아페 원숭이

□ **die Katze**, -n
[kátsə] 카체 고양이

□ **der Hund**, -e
[hʊnt] 훈트 개

□ **die Schlange**, -n
[ʃláŋə] 슐랑에 뱀

□ **das Schwein**, -e
[ʃvain] 슈바인 돼지

□ **der Hase**, -n
[há:zə] 하제 토끼

□ **das Krokodil**, -e
[krokodí:l] 크로코딜 악어

□ **die Fledermaus**, -mäuse
[flédɐmaus] 플레더마우스 박쥐

Die Fledermaus ist ein Säugetier.
디 플레더마우스 이스트 아인 조이게티어.
박쥐는 포유동물이다.

1 인간
2 주거
3 수
4 도시
5 교통
6 업무
7 쇼핑
8 스포츠·취미
9 지역

🔗 관련 단어

- □ die Maus, Mäuse [maus] 마우스 쥐
- □ der Ochse, -n [ɔ́ksə] 옥세
  das Rind, -er [rɪnt] 린트 소
- □ die Kuh, Kühe [ku:] 쿠 젖소
- □ der Hamster, – [hámstɐ] 함스터 햄스터
- □ der Gorilla, -s [goríla] 고릴라 고릴라
- □ der Pandabär, -en [pándabɛːɐ̯] 판다베어 판다
- □ das Nilpferd, -e [ní:lpfeːɐ̯t] 닐페르트 하마
- □ der Löwe, -n [løː́və] 뢰베 사자
- □ die Kralle, -n [králə] 크랄레 (짐승의) 발톱
- □ das Horn, Hörner [hɔrn] 호른 뿔
- □ der Schwanz, Schwänze [ʃvants] 슈반츠 꼬리
- □ der Huf, -e [húːf] 후프 발굽
- □ die Mähne, -n [mɛ́ːnə] 메네 (사자, 말 등의) 갈기

Dialog

A: Schau mal, der Bär!
샤우 말, 데어 베어!
저 곰 좀 봐!

B: Wow, das ist der größte Bär, den wir je gesehen haben.
와우, 다스 이스트 데어 그뢰스테 베어, 덴 비어 예 게제엔 하븐.
우와, 지금까지 본 중에 가장 큰 곰이야!

der Vogel, Vögel 포겔 **새**

1 인간

2 주거

3 수

4 도시

5 교통

6 업무

7 쇼핑

8 스포츠·취미

9 자연

□ **der Schwan,** Schwäne
[ʃvaːn] 슈반 **백조**

□ **der Rabe,** -n
[ráːbə] 라베 **까마귀**

□ **die Taube,** -n [táubə] 타우베 **비둘기**
Tauben bitte nicht füttern!
타우븐 비테 니히트 퓌터른!
비둘기에게 먹이를 주지 마세요.

□ **der Sperling,** -e
[ʃpérlɪŋ] 슈페를링
참새

□ **die Schwalbe,** -n
[ʃválbə] 슈발베 **제비**

□ **der Falke,** -n
[fálkə] 팔케 **매**

□ **der Adler,** – [áːdlɐ]
아들러 **독수리**

□ **die Möwe,** -n [møːvə]
뫼베 **갈매기**

247

□ der Papagei, -en
[papagái] 파파가이 앵무새

□ der Hahn, Hähne
[ha:n] 한 수탉

□ das Huhn, Hühner
[hu:n] 훈 닭

□ die Henne, -n
[hénə] 헤네 암탉

□ der Strauß, -e
[ʃtraus] 슈트라우스
타조

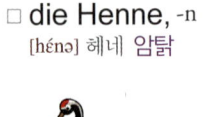

□ die Lerche, -n
[lérçə] 레르헤 종달새

□ der Kranich, -e [krá:nɪç]
크라니히 학, 두루미

□ der Pinguin, -e
[píŋgui:n] 핑구인 펭귄

Am Nordpol soll es keine
Pinguine geben.
암 노르트폴 졸 에스 카이네 핑구이네 게븐.
북극에는 펭귄이 없대요.

□ die Eule, -n
[ɔ́ylə] 오일레 부엉이

248

1 인간

2 주거

3 수

4 도시

5 교통

6 업무

7 쇼핑

8 스포츠·취미

9 자연

관련 단어

☐ **die Elster**, -n [élstɐ] 엘스터 까치|

☐ **die Ente**, -n [éntə] 엔테 오리

☐ **die wilde Gans**, die wilden Gänse [di: vɪldə gans] 디 빌데 간스 기러기

☐ **der Zugvogel**, -vögel [tsú:kfo:gl] 축포글 철새

☐ **die Feder**, -n [fé:dɐ] 페더 깃털

☐ **der Schnabel**, Schnäbel [ʃná:bl] 슈나블 (새의) 부리

☐ **die Kralle**, -n [králə] 크랄레 (동물의) 갈고리 발톱

☐ **der Schwanz**, Schwänze [ʃvants] 슈반츠 (조류의) 꼬리털, 꽁지

☐ **der Flügel**, – [flý:gl] 플뤼글 날개

☐ **das Nest**, -er [nɛst] 네스트 둥지

Dialog

A: Der Hahn hat einen langen Schwanz und die Henne hat einen kurzen Schwanz.

데어 한 하트 아이넨 랑엔 슈반츠 운트 디 헤네 하트 아이넨 쿠르츤 슈반츠.

수탉은 꽁지가 길고, 암탉은 꽁지가 짧단다.

B: Ach so. Das habe ich bis jetzt nicht gewusst.

아흐 소. 다스 하베 이히 비스 예츠트 니히트 게부스트.

아, 그렇군요. 지금까지 몰랐어요.

das Insekt, -en 인젝트 곤충

□ die Biene, -n
[bí:nə] 비네 벌

□ die Spinne, -n
[ʃpínə] 슈피네 거미

□ die Fliege, -n
[flí:gə] 플리게 파리

□ die Ameise, -n
[á:maizə] 아마이제 개미

Die Ameisen mit Flügeln sind
Männchen.
디 아마이즌 미트 플뤼글른 진트 멘헨.
날개가 달린 개미는 수개미란다.

□ der Nachtfalter, –
[náxtfaltɐ] 나흐트팔터

die Motte, -n
[mɔ́tə] 모테 나방

□ die Libelle, -n
[libélə] 리벨레 잠자리

□ der Schmetterling, -e
[ʃmétɐlɪŋ] 슈메터링 나비

□ die Heuschrecke, -n
[hɔ́yʃrɛkə] 호이슈레케 메뚜기

□ der Hirschkäfer, –
[hírʃkɛ:fɐ] 히르쉬케퍼 사슴벌레

□ der Marienkäfer, –
[marí:ənkɛ:fɐ] 마리엔케퍼 무당벌레

□ **das Glühwürmchen**, –
[glýːvʊrmçən] 글뤼뷔름헨
개똥벌레

□ **die Küchenschabe**, -n
[kýçənʃaːbə] 퀴헨샤베 **바퀴벌레**

Küchenschaben mögen feuchte
und dunkle Orte.
퀴헨샤븐 뫼근 포이히테 운트 둥클레 오르테.
바퀴벌레는 습하고 어두운 곳을 좋아한다.

□ **der Moskito**, -s [mɔskíːto] 모스키토
die (Stech)mücke, -n
[(ʃtɛç)mýkə] (슈테히)뮈케 **모기**

Meine Haut juckt, weil mich eine Mücke
gestochen hat.
마이네 하우트 유크트, 바일 미히 아이네 뮈케 게슈토헨 하트.
모기에 물려서 너무 가렵다.

□ **die Grille**, -n
[grílə] 그릴레 **귀뚜라미**

🔵 **관련 단어**

□ **der Käfer**, – [kɛ́ːfɐ] 케퍼 **딱정벌레**

□ **der Regenwurm**, -würmer [réːgnvʊrm] 레근부름 **지렁이**

□ **das Ei**, -er [ai] 아이 **알**

□ **die Raupe**, -n [ráupə] 라우페 **애벌레**

□ **die Insektenpuppe**, -n [ɪnzéktnpʊpə] 인젝튼푸페
die Larve, -n [lárfə] 라르페 **번데기**

□ **die Imago**, Imagines [imáːgo] 이마고 **성충**

□ **der Fühler**, – ᴾᴸ. [fýːlɐ] 퓔러 **더듬이**

□ **der Kopf**, Köpfe [kɔpf] 코프 **두부, 머리 부분**

□ **die Brust**, Brüste [brʊst] 브루스트 **흉부, 가슴 부분**

□ **der Hinterleib**, -er [híntɐlaip] 힌터라이프 **복부, 배 부분**

□ **der Stachel**, -n [ʃtáxl] 슈타흘 (곤충 등의) **침, 가시**

1 인간
2 주거
3 수
4 도시
5 교통
6 업무
7 쇼핑
8 스포츠·취미
9 자연

Fisch und Meerestier

피쉬 운트 메레스티어 **물고기·해양 생물**

☐ die Makrele, -n
[makré:lə] 마크렐레 고등어

☐ der Plattfisch, -e [plátfɪʃ] 플라트피쉬
die Flunder, -n [flúndɐ] 플룬더 광어

☐ der Hai, -e [hái] 하이 상어

☐ die Sardine, -n
[zardí:nə] 자르디네 정어리

☐ der Lachs, -e
[laks] 락스 연어

☐ der Thunfisch, -e
[tú:nfɪʃ] 툰피쉬 참치

Ich esse gern Kimchi Jjigae
mit Thunfisch.
이히 에쎄 게른 김치찌개 미트 툰피쉬.
난 참치를 넣은 김치찌개가 좋아.

☐ der Karpfen, –
[kárpfn] 카르픈 잉어

☐ die Forelle, -n
[forélə] 포렐레 송어

☐ der Goldfisch, -e
[góltfɪʃ] 골트피쉬 금붕어

Der Goldfisch ist ein Aquarium-Fisch.
데어 골트피쉬 이스트 아인 아크바리움 피쉬.
금붕어는 관상용 물고기다.

□ **der Tintenfisch,** -e
[tíntnfɪʃ] 틴튼피쉬 오징어

□ **der Krake,** -n
[krá:kə] 크라케 문어

□ **der Hummer,** –
[húmɐ] 후머 바닷가재

□ **die Krabbe,** -n
[krábə] 크라베 게

□ **der Wal,** -e
[va:l, val] 발 고래

□ **die Auster,** -n
[áustɐ] 아우스터 굴

□ **die Garnele,** -n
[garné:lə] 가르넬레 새우

Die Garnele lebt auch im
Süßwasser.
디 가르넬레 렙트 아우흐 임 쥐스바써.
새우는 민물에서도 산다.

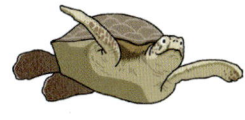

□ **die Schildkröte,** -n
[ʃíltkrø:tə] 쉴트크뢰테 거북

Die Schildkröte ist ein Tier,
das sehr lange lebt.
디 쉴트크뢰테 이스트 아인 티어, 다스
제어 랑에 렙트.
거북은 대표적인 장수 동물이다.

1 인간
2 주거
3 수
4 도시
5 교통
6 업무
7 쇼핑
8 스포츠·취미
9 자연

○ 관련 단어

□ der Kabeljau, -e [káːbljau] 카블야우
  der Dorsch, -e [dɔrʃ] 도르쉬 대구

□ der Aal, -e [áːl] 알 장어

□ die Klaffmuschel, -n [kláfmʊʃl] 클라프무쉘 대합

□ das Seeohr, -en [zéːoːɐ̯] 제오어 전복

□ die Seegurke, -n [zéːgʊrkə] 제구르케 해삼

□ der Seestern, -e [zéːʃtɛrn] 제슈테른 불가사리

□ der Seetang, -e Sg [zéːtaŋ] 제탕
  das Seegras, -gäser Sg [zéːgraːs] 제그라스 김, 다시마

□ die Schuppe, -n [ʃʊ́pə] 슈페 (물고기의) 비늘

□ die Flosse, -n [flɔ́sə] 플로쎄 지느러미

□ die Schwanzflosse, -n [ʃvántsflɔsə] 슈반츠플로쎄 꼬리지느러미

□ die Kieme, -n Pl. [kíːmə] 키메 아가미

□ die Schwimmhaut, -häute [ʃvímhaut] 슈빔하우트 물갈퀴

Dialog

A: Wie heißt der Fisch?
비 하이스트 데어 피쉬?
이 물고기의 이름은 뭐예요?

B: Das ist eine Forelle.
다스 이스트 아이네 포렐레.
그건 송어란다.

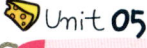

Obst und Frucht 옵스트 운트 프루흐트 과일·열매

□ **die Zitrone,** -n

[tsitró:nə] 치트로네 레몬

In der Zitrone ist viel Zitronensäure enthalten.
인 데어 치트로네 이스트 필
치트로넨조이레 엔트할튼.
레몬에는 구연산이 많대요.

□ **die Traube,** -n PL

[tráubə] 트라우베 포도

□ **der Apfel,** Äpfel

[ápfl] 아플 사과

□ **die Wassermelone,** -n

[vásɐmelo:nə] 바써멜로네 수박

Es wäre schön, jetzt ein Stück kühle Wassermelone zu essen.
에스 베레 쇤, 예츠트 아인 슈튁 퀼레
바써멜로네 추 에쓴.
시원한 수박 한 조각 먹었으면….

□ **die Birne,** -n

[bírnə] 비르네 배

□ **der Pfirsich,** -e

[pfírzɪç] 피르지히 복숭아

□ **die Mandarine,** -n

[mandarí:nə] 만다리네 귤

□ **die Erdbeere,** -n

[é:ɐtbe:rə] 에르트베레 딸기

1 인간
2 주거
3 수
4 도시
5 교통
6 업무
7 쇼핑
8 스포츠·취미
9 자연

□ **die Banane,** -n
[baná:nə] 바나네 **바나나**
Bananen werden sehr schnell braun.
바나넨 베르든 제어 슈넬 브라운.
바나나는 정말 빨리 변하는 과일이다.

□ **die Persimone,** -n
[pɛrzimó:nə] 페르지모네
die Khakifrucht, -früchte
[ká:kifrʊxt] 카키프루흐트 **감**

□ **die Orange,** -n
[orã:ʒə, oráŋʒə] 오랑제 **오렌지**

□ **die Aprikose,** -n
[aprikó:zə] 아프리코제 **살구**

□ **die Ananas,** –, -se
[ánanas] 아나나스 **파인애플**

□ **die Erdnuß,** -nüsse
[é:ɐ̯tnʊs] 에르트누스 **땅콩**

□ **die Walnuß,** -nüsse
[válnʊs] 발누스 **호두**

□ **die Kastanie,** -n
[kastá:niə] 카스타니에 **밤**

256

1 인간

2 주거

3 수

4 도시

5 과를

6 업무

7 쇼핑

8 스포츠·취미

9 자연

관련 단어

☐ **die Pflaume,** -n [pfláumə] 플라우메 **자두**

☐ **die Melone,** -n [meló:nə] 멜로네 **멜론**

☐ **die Kiwi,** -s [kí:vi, ki:wi] 키비, 키위 **키위**

☐ **die Mango,** -s [máŋgo] 망고 **망고**

☐ **die Feige,** -n [fáigə] 파이게 **무화과**

☐ **die Jujube,** -n [jujú:bə] 유유베
　die Chinesische Dattel, -n [di: çiné:zɪʃə dátl] 디 히네지쉐 다틀 **대추**

☐ **die Mandel,** -n [mándl] 만들 **아몬드**

☐ **der Pinienkern,** -e [pí:niənkern] 피니엔케른 **잣**

☐ **die Rosine,** -n [rozí:nə] 로지네 **건포도**

Dialog

A: **Pflaumen sollen bei Verstopfung helfen.**
　플라우멘 졸렌 바이 페어슈토풍 헬픈.
　자두가 변비에 좋은 과일이래.

B: **Echt? Ich habe da nur an Äpfel gedacht.**
　에히트? 이히 하베 다 누어 안 에플 게다흐트.
　그래? 난 사과만 생각했는데.

A: **Fast jedes Obst ist gut.**
　파스트 예데스 옵스트 이스트 구트.
　하긴 과일이라면 거의 다 좋겠지.

257

die Pflanze, -n 플란체 식물

□ **das Blatt,** Blätter
[blat] 블라트 잎

□ **der Ast,** Äste
[ast] 아스트

der Zweig, -e
[tsvaik] 츠바이크
나뭇가지

□ **der Jahresring,** -e PL
[já:rəsrɪŋ] 야레스링 나이테

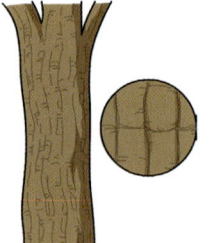

□ **die Borke,** -n
[bɔ́rkə] 보르케

die Rinde, -n
[ríndə] 린데 나무 껍질

□ **die Frucht,** Früchte
[frʊxt] 프루흐트 열매

□ **der Stamm,** Stämme
[ʃtam] 슈탐 나무 줄기

□ **die Wurzel,** -n
[vúrtsl] 부르츨 나무 뿌리

□ **der Halm,** -e
[halm] 할름 줄기

□ **der Samen,** − [zá:mən]
자멘 씨앗

□ **die Knospe,** -n
[knɔ́spə] 크노스페
싹, 봉오리

258

□ **der Ginkgo**, -s [gíŋko] 징코 은행나무

Im Herbst ist der Ginkgo sehr schön.
임 헤르프스트 이스트 데어 징코 제어 쇤.
가을의 은행나무는 정말 아름답다.

□ **die Kiefer**, -n
[kí:fɐ] 키퍼 소나무

□ **die Palme**, -n
[pálmə] 팔메 야자수

□ **die Eiche**, -n [áiçə] 아이헤 떡갈나무
Die Eichel ist die Frucht der Eiche.
디 아이홀 이스트 디 프루흐트 데어 아이헤.
도토리는 떡갈나무의 열매란다.

관련 단어

□ **die Weide**, -n [váidə] 바이데 버드나무

□ **der Bambus**, -se [bámbus] 밤부스 대나무

□ **der Kastanienbaum**, -bäume [kastá:niənbaum] 카스타니엔바움 밤나무

□ **die Platane**, -n [platánə] 플라타네 플라타너스

□ **die Pappel**, -n [pápl] 파플 포플러

□ **der Ahorn**, -e [á:hɔrn] 아호른 단풍나무

1 인간
2 주거
3 수
4 도시
5 교통
6 업무
7 쇼핑
8 스포츠·취미
9 자연

die Blume, -n 블루메 꽃

□ **die Lilie**, -n
[líːliə] 릴리에 백합

□ **die Rose**, -n
[róːzə] 로제 장미

□ **die Sonnenblume**, -n
[zónənbluːmə] 조넨블루메
해바라기

□ **das Veilchen**, –
[fáilçən] 파일헨 제비꽃

□ **das Gipskraut**, -kräuter
[gípskraut] 깁스크라우트 안개꽃

□ **die Schwertlilie**, -n
[ʃvéːɐtliːliə] 슈베르트릴리에
붓꽃

□ **der Löwenzahn**, -zähne
[lǿːvntsaːn] 뢰븐찬 민들레

□ **die Orchidee**, -n
[ɔrçidéːə] 오르히데에 난초

□ **die Winde**, -n
[víndə] 빈데 나팔꽃

□ **die Tulpe**, -n [túlpə] 툴페 **튤립**

Tulpen erinnern mich an die
Niederlande.
툴픈 에어린너른 미히 안 디 니덜란데.
튤립 하면 네덜란드가 생각난다.

□ **die Chrysantheme**, -n
[kryzanté:mə] 크뤼잔테메 **국화**

Es gibt viele verschiedene
Arten von Chrysanthemen.
에스 깁트 필레 페어쉬데네 아르튼 폰
크뤼잔테멘.
국화의 종류도 무척 다양하다.

□ **die Azalee**, -n
[atsalé:ə] 아찰레에
진달래

□ **die Seerose**, -n
[zé:ro:zə] 제로제

der Lotus, –
[ló:tʊs] 로투스 **연꽃**

□ **der Kaktus**, Kakteen
[káktʊs] 칵투스 **선인장**

🔘 **관련 단어**

□ **die Pfingstrose**, -n [pfíŋstro:zə] 핑스트로제 **모란**

□ **die Forsythie**, -n [fɔrzý:tsiə, fɔrzý:tiə] 포르쥐치에, 포르쥐티에 **개나리**

□ **das Schil**, -e ^{Sg.} [ʃɪlf] 쉴프 **갈대**

□ **das Chinaschilf**, -e ^{Sg.} [çí:naʃɪlf] 히나쉴프 **억새**

□ **das Unkraut**, -kräuter [ónkraut] 운크라우트 **잡초**

□ **das Blütenblatt**, -blätter [blý:tnblat] 블뤼튼블라트 **꽃잎**

□ **die Blütenknospe**, -n [blý:tnknɔspə] 블뤼튼크노스페 **꽃봉오리**

□ **der Blütenstaub** ^{Sg.} [blý:tnʃtaup] 블뤼튼슈타웁 **꽃가루**

□ **die Blumensprache**, -n [blú:mənʃpra:xə] 블루멘슈프라헤 **꽃말**

1 인간
2 주거
3 수
4 도시
5 교통
6 업무
7 쇼핑
8 스포츠 · 취미
9 자연

das Gemüse 게뮈제 **채소**

□ **der Rettich**, -e
[rétıç] 레티히 **무**

□ **die Gurke**, -n
[gúrkə] 구르케 **오이**

□ **die Möhre**, -n [mó:rə] 뫼레
die Karotte, -n [karótə] 카로테 **당근**

Hast du gewußt, dass Pferde
Karotten mögen?
하스트 두 게부스트, 다스 페르데 카로튼 뫼근?
말이 당근 좋아하는 거 알지?

□ **der Knoblauch**, -e
[knó:plaux] 크놉라우흐
마늘

□ **die Bohne**, -n
[bó:nə] 보네 **콩**

□ **die Frühlingszwiebel**, -n
[frý:lıŋstsvi:bl] 프륄링스츠비블 **파**

□ **die Kartoffel**, -n
[kartófl] 카르토플 **감자**

□ **die Zwiebel**, -n
[tsví:bl] 츠비블 **양파**

□ **der Spinat** Sg. [ʃpiná:t] 슈피나트 **시금치**
Hat Popeye wirklich so gern Spinat
gegessen?
하트 포파이 비르클리히 조 게른 슈피나트 게게쓴?
뽀빠이는 정말 시금치를 좋아했을까?

□ **die Süßkartoffel**, -n
[zý:skartɔfl] 쥐스카르토플
고구마

□ der Kopfsalat, -e
[kópfzala:t] 코프잘라트 양상추

□ der Kürbis, -se
[kýrbɪs] 퀴르비스 **호박**

□ die Paprika, -s
[páprika] 파프리카 **피망**

□ der Pilz, -e
[pɪlts] 필츠 **버섯**

□ die Tomate, -n [tomá:tə] 토마테 **토마토**
Es ist nicht wichtig, ob Tomaten zum
Gemüse oder Obst zählen.
에스 이스트 니히트 비히티히, 옵 토마튼 춤 게뮈제
오더 옵스트 첼렌.
토마토가 채소인가 과일인가는 중요하지 않아.

□ der Chili, -s
[tʃí:li] 칠리 **고추**

관련 단어

□ die Zucchini, -s [tsʊkí:ni] 추키니 **애호박**

□ der Chinakohl ^{Sg.} [çí:nako:l] 히나콜 **배추**

□ der Kopfsalat, -e [kópfzala:t] 코프잘라트 **상추**

□ die Brokkoli ^{Pl.} [brɔ́koli] 브로콜리 **브로콜리**

□ die Aubergine, -n [oberʒí:nə] 오버지네 **가지**

□ die Lotuswurzel, -n [ló:tʊsvʊrtsl] 로투스부르츨 **연근**

□ der Ingwer ^{Sg.} [íŋvɐ] 잉버 **생강**

□ die Bohnensprossen ^{Pl.} [bó:nənʃprɔsn] 보넨슈프로슨 **콩나물**

□ die Brechbohnensprossen ^{Pl.} [bréçbo:nənʃprɔsn]
브레히보넨슈프로슨 **숙주나물**

1 인간
2 주거
3 수
4 도시
5 교통
6 업무
7 쇼핑
8 스포츠·취미
9 자연

die Landschaft, -en 란트샤프트 풍경

□ der See, -n
[zé:] 제 호수

□ der Wasserfall, -fälle
[vásɐfal] 바써팔 폭포

□ das Tal, Täler
[ta:l] 탈 계곡

□ das Plateau, -s
[plató:] 플라토

das Hochland, -länder
[hó:xlant] 호흐란트 고원

□ der Hügel, –
[hý:gl] 휘글 언덕, 구릉

□ die Höhle, -n
[hó:lə] 횔레 동굴

□ der Fluss, Flüsse
[flʊs] 플루스 강

□ der Wasserlauf,
-läufe [vásɐlauf]
바써라우프 개울

□ die Felswand,
-wände [félsvant]
펠스반트 절벽

□ die Neigung, -en
[náigʊŋ] 나이궁
(산)비탈

□ der Wald, Wälder
[valt] 발트 숲

□ das Grasland Sg.
[gráslant] 그라스란트

das Weideland Sg.
[váidəlant] 바이데란트 초원

264

□ der Berg, -e
[bɛrk] 베르크 산

□ der Vulkan, -e
[vʊlká:n] 불칸 화산

□ der Felsen, –
[félzn] 펠즌 바위

관련 단어

□ das Kliff, -e [klɪf] 클리프 절벽

□ die Wüste, -n [vý:stə] 뷔스테 사막

□ der weiße Sand ˢᵍ [de:ɐ̯ váisə zant] 데어 바이쎄 잔트 백사장

□ das Talbecken, -e [tá:lbɛkn] 탈베큰 분지

□ der Horizont, -e [horitsónt] 호리촌트 지평선, 수평선

□ die vier Himmelsrichtungen [di: fi:ɐ̯ hímlsrɪçtuŋən]
  디 피어 힘믈스리히퉁엔 동서남북

□ der Norden
[nórdn] 노르든 북

□ der Westen
[véstn] 베스튼 서

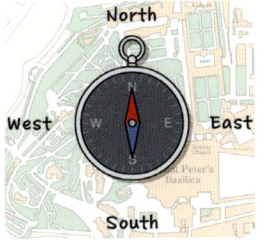

□ der Osten
[óstn] 오스튼 동

□ der Süden
[zý:dn] 쥐든 남

1 인간
2 주거
3 수
4 도시
5 교통
6 업무
7 쇼핑
8 스포츠·취미
9 지역

das Wetter 베터 날씨

□ sonniges Wetter
[zɔ́nɪgəs vétɐ] 조니게스 베터
맑은 날

□ die Wolke, -n
[vɔ́lkə] 볼케 구름

□ der Wind, -e
[vɪnt] 빈트 바람

□ der Schnee ᴳᵉ
[ʃne:] 슈네 눈

□ der Regen, – ᴳᵉ
[ré:gn] 레근 비

□ die Überschwemmung, -en
[y:bɐʃvémʊŋ] 위버슈베뭉 홍수

□ der Regenbogen,
-bögen [ré:gnbo:gn]
레근보근 무지개

□ der Blitz, -e
[blɪts] 블리츠 번개

□ der Nebel, –
[né:bl] 네블 안개

□ der Eiszapfen, –
[áistsapfn] 아이스차픈
고드름

관련 단어

- □ der Himmel, – Sg. [híml] 히믈 하늘
- □ der Schneeregen Sg. [ʃné:re:gn] 슈네레근 진눈깨비
- □ der Hagel Sg. [há:gl] 하글 우박
- □ der (Regen)schauer, – [(ré:gn)ʃáuɐ] (레근)샤우어 소나기
- □ der Frost, Fröste [frɔst] 프로스트 서리
- □ das Eis Sg. [ais] 아이스 얼음
- □ das Unwetter, – [únvɛtɐ] 운베터
  der Sturm, Stürme [ʃtʊrm] 슈투름 폭풍우
- □ der Donner, – Sg. [dɔ́nɐ] 도너 천둥
- □ die Dürre, -n [dýrə] 뒤레 가뭄
- □ windig [víndɪç] 빈디히 바람이 부는
- □ bewölkt [bəvœ́lkt] 베뵐크트
  wolkig [vɔ́lkɪç] 볼키히 구름이 낀
- □ neblig [né:blɪç] 네블리히 안개 낀
- □ regnen [ré:gnən] 레그넨 비가 내리다
- □ schneien [ʃnáiən] 슈나이엔 눈이 내리다
- □ feucht [fɔyçt] 포이히트 습한
- □ trocken [trɔ́kn] 트로큰 건조한

Dialog

A: In der Nähe des Sees ist es immer neblig.
인 데어 네에 데스 제스 이스트 에스 이머 네블리히.
이 호수 주변은 항상 안개가 끼어 있네.

B: Deswegen läuft mir auch ein kalter Schauer über den Rücken, wenn ich hier vorbeigehe.
데스베근 로이프트 미어 아우흐 아인 칼터 샤우어 위버 덴 뤼큰, 벤 이히 히어 포어바이게에.
그래서 그런지 여기를 지나가려면 좀 으스스하더라.

Stoff und Substanz

슈토프 운트 줍스탄츠 **요소 · 물질**

□ **das Metall**, -e
[metál] 메탈 **금속**

□ **das Öl**, -e
[ø:l] 욀 **기름**

□ **die Kohle**, -n
[kó:lə] 콜레 **석탄**

□ **der Boden**, Böden
[bó:dn] 보든 **토양**

Der Boden wird immer mehr
verschmutzt.
데어 보든 비르트 이머 메어 페어슈무츠트.
토양은 점점 오염되고 있다.

□ **die Elektrizität** Sg
[elektritsité:t] 엘렉트리치테트 **전기**

Wenn die Elektrizität nicht erfunden
worden wäre….
벤 디 엘렉트리치테트 니히트 에어푼든 보르든 베레…
전기가 발명되지 않았더라면….

□ **die Flüssigkeit**, -en
[flýsıçkait] 플뤼씨히카이트
액체

□ **das Gas**, -e
[ga:s] 가스 **기체**

□ **der feste Körper**, die festen Körper
[de:ɐ fɛstə kœrpɐ] 데어 페스테 쾨르퍼

der Feststoff, -e [féstʃtɔf] 페스트슈토프 **고체**

☐ **das Licht**, -er
[lɪçt] 리히트 빛

☐ **das Feuer** Sg.
[fɔ́yɐ] 포이어 불

☐ **die Wärme** Sg.
[vérmə] 베르메 열

☐ **der Rauch** Sg. [raux] 라우흐 연기

Der Rauch aus dem Fabrikschornstein
war einmal ein Symbol für
Modernisierung.
데어 라우흐 아우스 뎀 파브릭쇼른슈타인 바르
아인말 아인 쥠볼 퓌어 모데르니지룽.
한때 공장 굴뚝의 연기는 근대화의 상징이었지.

☐ **das Wasser** [vásɐ] 바써 물

Kann man das Leitungswasser
trinken?
칸 만 다스 라이퉁스바써 트링큰?
수돗물을 그냥 먹어도 되나요?

🔵 **관련 단어**

☐ **das Gold** Sg. [gɔlt] 골트 금

☐ **das Silber** Sg. [zílbɐ] 질버 은

☐ **die Bronze** Sg. [brṍːsə, brɔ́ŋsə] 브롱세 동

☐ **das Eisen** Sg. [áizn] 아이즌 철

☐ **der Dampf**, Dämpfe [dampf] 담프 증기

☐ **das Geräusch**, -e [gərɔ́yʃ] 게로이쉬 소리

☐ **die Kraft**, Kräfte [kraft] 크라프트 힘

1 인간
2 주거
3 수
4 도시
5 교통
6 업무
7 쇼핑
8 스포츠·취미
9 자연

die Farbe, -n 파르베 색

□ **schwarz** [ʃvarts]
슈바르츠 검은색

□ **grau** [grau] 그라우
회색

□ **weiß** [vais] 바이스
흰색

□ **rot** [ro:t] 로트
빨간색

□ **blau** [blau] 블라우
파란색

□ **gelb** [gelp] 겔프
노란색

□ **braun** [braun] 브라운
갈색

□ **grün** [gry:n] 그륀
녹색

□ **violett** [violét] 비올레트
lila [lí:la] 릴라 보라색

270

□ **rosa** [ró:za] 로자 분홍색

□ **orange** [orá:ʒə, oráŋʒə] 오랑제
주황색

□ **marineblau**
[marí:nəblau] 마리네블라우
짙은 청색

□ **elfenbeinfarbig**
[élfnbainfarbıç] 엘픈바인파르비히
상아색

□ **beige** [bé:ʒə, bé:ʒə] 베제 베이지색
Was denkst du über die Frau in
der beigen Hose?
바스 뎅크스트 두 위버 디 프라우 인 데어
베즌 호제?
베이지색 바지 입은 저 여자 어때?

□ **silbern** [zílbɐn] 질버른 은색
Das silberne Gebäude ist neu
gebaut.
다스 질버르네 게보이데 이스트 노이 게바우트.
저 은색 건물 새로 지었구나.

Dialog

A: Was ist Ihre Lieblingsfarbe?[Welche Farbe(n) mögen
   Sie]?
   바스 이스트 이레 리플링스파르베?[벨헤 파르베(븐) 뫼근 지]?
   무슨 색을 좋아하세요?

B: Ich mag violett und blau.
   이히 막 비올레트 운트 블라우.
   보라색이랑 파란색을 좋아해요.

1 인간

2 주거

3 수

4 도시

5 교통

6 업무

7 쇼핑

8 스포츠·취미

9 자연

Universum und Weltraum

우니베르줌 운트 벨트라움 **우주·세계**

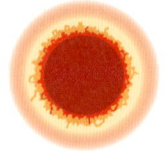

□ **die Sonne**, -n
[zɔ́nə] 조네 해, 태양

□ **der Planet**, -en
[plané:t] 플라네트 행성, 혹성

□ **der Stern**, -e
[ʃtern] 슈테른 별

□ **die Sternschnuppe**, -n
[ʃtérnʃnupə] 슈테른슈누페
der Meteor, -e [meteó:ɐ] 메테오어 유성

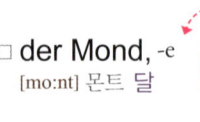

□ **der Mond**, -e
[mo:nt] 몬트 달

□ **die Erde** Sg.
[é:ɐdə] 에르데 **지구**

Was wird in Zukunft wohl
aus der Erde werden?
바스 비르트 인 추쿤프트 볼 아우스
데어 에르데 베르든?
지구의 미래는 어떻게 될까?

□ **der Sichelmond** Sg.
[zíçlmo:nt] 지흘몬트 초승달

□ **der Halbmond** Sg.
[hálpmo:nt] 할프몬트 반달

□ **der Vollmond** Sg.
[fɔ́lmo:nt] 폴몬트 보름달

1 인간

2 추가

3 수

4 도시

5 교통

6 업무

7 쇼핑

8 스포츠·취미

9 자연

관련 단어

- ☐ **die Galaxie**, -n [galaksí:] 갈락시 은하계
- ☐ **das Sonnensystem**, -e [zónənzyste:m] 조넨쥐스템 태양계
- ☐ **der Merkur** Sg. [merkú:ɐ̯] 메르쿠어 수성
- ☐ **die Venus** Sg. [vé:nʊs] 베누스 금성
- ☐ **der Mars** Sg. [mars] 마르스 화성
- ☐ **der Jupiter** Sg. [jú:pitɐ] 유피터 목성
- ☐ **der Saturn** Sg. [zatórn] 자투른 토성
- ☐ **der Satellit**, -en [zatelí:t] 자텔리트 위성
- ☐ **die Sonnenfinsternis**, -se [zónənfinstɐnɪs] 조넨핀스터니스 일식
- ☐ **die Mondfinsternis**, -se [mó:ntfinstɐnɪs] 몬트핀스터니스 월식
- ☐ **der Astronaut**, -en, **die Astronautin**, -nen
  [astronáut] 아스트로나우트 우주 비행사
- ☐ **die Raumfähre**, -n [ráumfɛ:rə] 라움페레 우주 왕복선
- ☐ **das unbekannte Flugobjekt**, die unbekannten Flugobjekte
  [das únbəkantə flú:kɔpjɛkt] 다스 운베칸테 플룩옵옉트
  das UFO, -s [ú:fo] 우포 미확인 비행 물체(UFO)

Dialog

A: Gibt es wirklich UFOs? Was denkst du?
   깁트 에스 비르클리히 우포스? 바스 뎅크스트 두?
   정말 UFO가 있을까? 넌 어떻게 생각해?

B: Uhm, kann sein. Aber ich weiss es nicht genau.
   음, 칸 자인. 아버 이히 바이스 에스 니히트 게나우.
   글쎄, 있을 것 같기도 하고…. 잘 모르겠어.

A: Ich glaube, dass es UFOs gibt. Es gibt viele Beweise.
   이히 글라우베, 다스 에스 우포스 깁트. 에스 깁트 필레 베바이제.
   난 있을 거 같아. 여러 가지 증거들도 있잖아.

die Erde 에르데 지구

□ **das Festland** Sg
[féstlant] 페스트란트
육지

□ **der Ozean,** -e
[ó:tsea:n] 오체안
das Meer, -e
[me:ɐ̯] 메어 대양

□ **die See,** -n
[ze:] 제 바다

□ **der Kontinent,** -e
[kɔ́ntinɛnt, kɔntinént] 콘티넨트
der Erdteil, -e
[éɐ̯:ttail] 에르트타일 대륙

□ **die Insel,** -n
[ínzl] 인즐 섬

□ **das Gebirge,** –
[gəbírgə] 게비르게 산맥

□ **die Bucht,** -en [bʊxt] 부흐트
der Golf, -e [gɔlf] 골프 만

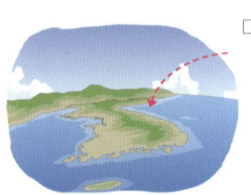

□ **die Halbinsel,** -n
[hálpɪnzl] 할프인즐
반도

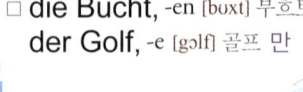

□ **der Nordpol** Sg
[nɔ́rtpo:l] 노르트폴 북극

□ **der Südpol** Sg
[zý:tpo:l] 쥐트폴 남극

274

□ der Breitengrad, -e
[bráitngra:t] 브라이튼그라트
위도

□ der Längengrad, -e
[léŋəngra:t] 렝엔그라트
경도

□ der Äquator, -en
[ɛkvá:to:ɐ̯] 에크바토어
적도

□ die Wüste, -n
[vý:stə] 뷔스테
사막

□ die Atmosphäre, -n
[atmosfé:rə] 아트모스페레
대기

□ der Kanal, Kanäle
[kaná:l] 카날 해협

Dialog

A: Seit kurzem ereignen sich überall auf der Welt
Naturkatastrophen. Das ist wirklich schlimm.
자이트 쿠르쳄 에라이그넨 지히 위버랄 아우프 데어 벨트 나투어카타스트로픈.
다스 이스트 비르클리히 슐림.

최근 지구 곳곳에서 천재지변이 발생하잖아. 심각한 일이야.

B: Du sagst es. Ungewöhnliches Klima,
Überschwemmungen, Erdbeben,
Vulkanausbrüche... Es ist schrecklich.
두 작스트 에스. 운게뷘리헤스 클리마, 위버슈벰뭉엔, 에르트베븐, 불칸아우스브
뤼헤... 에스 이스트 슈레클리히.

그러게 말이야. 이상 기온, 홍수, 지진, 화산 폭발…, 정말 무섭지.

A: Ich sorge mich wirklich um die Zukunft der Erde.
이히 조르게 미히 비르클리히 움 디 추쿤프트 데어 에르데.

정말 지구의 미래가 걱정된다.

Standort und Richtung
슈탄트오르트 운트 리히퉁 **위치·방향**

□ **innen** [ínən]
이넨 안에

□ **außen** [áusn]
아우쓴 밖에

□ **die Mitte** [mítə] 미테 **가운데, 중앙**
Der Pfeil hat die Mitte des Ziels
getroffen.
데어 파일 하트 디 미테 데스 칠스 게트로픈.
화살이 과녁 가운데 박혔다.

□ **links** [lɪŋks] ⟷ □ **rechts** [rɛçts]
링크스 왼쪽에   레히츠 오른쪽에

□ **neben** [né:bn] 네븐 **~의 옆에**
Ein Hund schläft neben der
Hundehütte.
아인 훈트 슐레프트 네븐 데어 훈데휘테.
개집 옆에서 개가 졸고 있다.

□ **vorn** [fɔrn] ⟷ □ **hinten** [híntn]
포른 앞에   힌튼 뒤에

276

□ **von~ bis~** [fɔn bɪs] 폰 비스 ～에서부터 ～까지

□ **von zuhause bis zum Bahnhof**
[fɔn tsuháuzə bɪs tsʊm báːnhoːf] 폰 추하우제 비스 춤 반호프 **집에서부터 역까지**

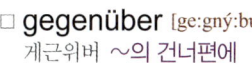

□ **gegenüber** [geːgnýːbɐ]
게근위버 ～의 건너편에

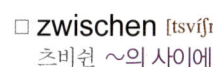

□ **zwischen** [tsvíʃn]
츠비쉔 ～의 사이에

□ **oben** [óːbn]
오븐 위에

□ **unten** [úntn] 운튼
아래에, 밑에

관련 단어

□ **nah** [naː] 나 가까운 ⟷ **weit** [vait] 바이트 먼

□ **hinauf** [hɪnáuf] 힌아우프 위로 ⟷ **herunter** [hɛɾóntɐ] 헤룬터 아래로

□ **hier** [hiːɐ] 히어 여기

□ **da** [daː] 다
  dort [dɔrt] 도르트 거기, 저기

□ **wo** [voː] 보 어디에

1 인간
2 주거
3 수
4 도시
5 교통
6 업무
7 쇼핑
8 스포츠·취미
9 지역

das Antonym, -e 안토뉨 반대말

 ↔

☐ **groß** [gro:s] 그로스 큰   ☐ **klein** [klain] 클라인 작은

☐ **hell** [hel] 헬 밝은 ↔ ☐ **dunkel** [dúŋkl] 둥클 어두운

☐ **hoch** [ho:x] 호흐 높은 ↔ ☐ **niedrig** [ní:drɪç] 니드리히 낮은

☐ **neu** [nɔy] 노이 새로운   ↔   ☐ **alt** [alt] 알트 낡은
Etwas Altes ist nicht schlechter als etwas Neues.
에트바스 알테스 이스트 니히트 슐레히터 알스 에트바스 노이에스.
낡은 것이 새로운 것보다 나쁜 것은 아니다.

□ **leicht** [laiçt]
라이히트 **가벼운**

□ **schwer** [ʃveːɐ̯]
슈베어 **무거운**

□ **weit** [vait] 바이트 넓은

□ **schmal** [ʃmaːl] 슈말 좁은

□ **schnell** [ʃnel] 슈넬 **빠른** ↔ □ **langsam** [láŋzaːm] 랑잠 느린

Es spielt keine Rolle, ob man schnell oder langsam
arbeitet – Hauptsache, man macht seine Arbeit.

에스 슈필트 카이네 롤레, 옵 만 슈넬 오더 랑잠
아르바이테트 – 하우프트자헤, 만 마흐트 자이네 아르바이트.
좀 느리든 빠르든 자기 할 일을 하면 되겠지.

□ **gut** [guːt] 구트 **좋은** ↔ □**schlecht** [ʃleçt] 슐레히트 나쁜

1 인간
2 주거
3 수
4 도시
5 교통
6 업무
7 쇼핑
8 스포츠·취미
9 자연

279

□ **schön** [ʃøːn] 쇤 **아름다운** ⟷ □ **häßlich** [héslɪç] 헤쓸리히 **추한**

Schau mal die Blume! Auch etwas Schönes wird irgendwann häßlich.
샤우 말 디 블루메! 아우흐 에트바스 쇠네스 비르트 이르근트반 헤쓸리히.
꽃을 봐. 아름다운 것도 언젠가는 추해지는 거야.

□ **fest** [fɛst] 페스트 **팽팽한, 꽉 조인** ⟷ □ **locker** [lɔ́kɐ] 로커 **느슨한**

□ **spitz** [ʃpɪts] 슈피츠
예리한

□ **stumpf** [ʃtʊmpf] 슈툼프
무딘, 둔한

□ **sauber** [záubɐ]
자우버 **깨끗한**

□ **schmutzig** [ʃmútsɪç]
슈무치히 **더러운**

□ **offen** [ɔ́fn] 오픈 열린 ↔ □ **geschlossen** [ɡəʃlɔ́sn] 게슐로쓴 닫힌

□ **trocken** [trɔ́kn] 트로큰 마른, 건조한 □ **nass** [nas] 나스 젖은

feucht [fɔyçt] 포이히트 축축한

□ **voll** [fɔl] 폴 가득 찬 □ **leer** [leːɐ̯] 레어 텅 빈

□ **der Tag,** -e □ **die Nacht,** Nächte
[taːk] 탁 낮 [naxt] 나흐트 밤

1 인간
2 주거
3 수
4 도시
5 교통
6 업무
7 쇼핑
8 스포츠·취미
9 지역

□ **fleißig** [fláisıç] 플라이씨히
부지런한

□ **faul** [faul] 파울
게으른

□ **reich** [raiç] 라이히 ↔ □ **arm** [arm] 아름
부유한　　　　　　　　　　가난한

□ **der Angriff,** -e [ángraıf] ↔ □ **die Verteidigung,** -en
안그리프 공격　　　　　　　　[feɐ̯táidıgʊŋ] 페어타이디궁 방어

an｜greifen [ángraifn]　　　**verteidigen** [feɐ̯táidıgn]
안그라이픈 공격하다　　　　　페어타이디근 방어하다

Er hat einen Speer zum Angriff und einen Schild zur Verteidigung.
에어 하트 아이넨 슈페어 춤 안그리프 운트 아이넨 쉴트 추어 페어타이디궁.
그는 공격하는 창과 방어하는 방패를 둘 다 가진 사람이다.

□ **verheiratet** [feɐ̯háira:tət] ↔ □ **ledig** [lé:dıç]
페어하이라테트 결혼한　　　　레디히 미혼의

1 인간

2 주거

3 수

4 도시

5 교통

6 업무

7 쇼핑

8 스포츠 · 취미

9 지역

관련 단어

□ **groß** [gro:s] 그로스 키가 큰
  ↔ **klein** [klain] 클라인 키가 작은

□ **dick** [dɪk] 딕 뚱뚱한
  ↔ **dünn** [dʏn] 뒨 여윈, 마른

□ **kalt** [kalt] 칼트 추운
  ↔ **heiß** [hais] 하이스 더운

□ **kühl** [ky:l] 퀼 시원한
  ↔ **warm** [varm] 바름 따뜻한

□ **glücklich** [glýklıç] 글뤼클리히 행복한
  ↔ **unglücklick** [únglyklıç] 운글뤼클리히 불행한

□ **mögen** [mǿ:gn] 뫼근, **lieben** [lí:bn] 리븐 좋아하다
  ↔ **hassen** [hásn] 하쓴 싫어하다

□ **viel** [fi:l] 필 많은
  ↔ **wenig** [vé:nıç] 베니히 적은

□ **bunt** [bʊnt] 분트 다채로운, 가지각색의
  ↔ **einfach** [áinfax] 아인파흐 소박한

□ **stark** [ʃtark] 슈타르크 강한
  ↔ **schwach** [ʃvax] 슈바흐 약한

Dialog

A: Der Mann scheint unglücklick zu sein, weil er zu dick ist. Warum ist er bloß so dick geworden?
  데어 만 샤인트 운글뤼클리히 추 자인, 바일 에어 추 딕 이스트. 바룸 이스트 에어 블로스 조 딕 게보르든?

  저 사람 너무 뚱뚱해서 괴롭겠다. 왜 저렇게 살이 많이 쪘을까?

B: Nach Meinung der Ärzte ist Fettleibigkeit auch eine Krankheit.
  나흐 마이눙 데어 에르츠테 이스트 페트라이비히카이트 아우흐 아이네 크랑크하이트.

  의사들이 하는 말이, 비만도 병이라더라.

 Unit 17

나라 이름·수도 이름 및 인구

아시아 Asien 아지엔

☐ 네팔 Nepal 네팔
   ☐ 카트만두 Kathmandu 카트만두 ... 2,474만

☐ 대만 Taiwan 타이반
   ☐ 타이베이 Taipeh 타이페이 ... 2,268만

☐ 라오스 Laos 라오스
   ☐ 비엔티안 Vientiane 비엔티엔 ... 560만

☐ 레바논 (der) Libanon 리바논
   ☐ 베이루트 Beirut 바이루트 ... 440만

☐ 말레이시아 Malaysia 말라이지야
   ☐ 쿠알라룸푸르 Kuala Lumpur 쿠알라 룸푸르 ... 2,500만

☐ 몽골 die Mongolei 몽골라이
   ☐ 울란바토르 Ulan Bator 울란바토어 ... 250만

☐ 미얀마 Myanmar 미얀마르
   ☐ 네피도 Naypyidaw 나피도 ... 5,217만

☐ 방글라데시 Bangladesch 방글라데쉬
   ☐ 다카 Dhaka 다카 ... 1억3,810만

☐ 베트남 Vietnam 비에트남
   ☐ 하노이 Hanoi 하노이 ... 8,206만

☐ 북한 Nordkorea 노르트 코레아
   ☐ 평양 Pyongyang 평양 ... 2,250만

□ 사우디아라비아 Saudi-Arabien 사우디 아라비엔 2,400만
　　□ 리야드 Riyadh 리야드

□ 스리랑카 Sri Lanka 스리랑카 1,990만
　　□ 콜롬보 Colombo 콜롬보

□ 시리아 Syrien 쥐리엔 1,820만
　　□ 다마스쿠스 Damascus 다마스쿠스

□ 싱가포르 Singapur 징가푸어 420만
　　□ 싱가포르 Singapur 징가푸어

□ 아프가니스탄 Afghanistan 아프가니스탄 2,510만
　　□ 카불 Kabul 카불

□ 예멘 Jemen 예멘 1,970만
　　□ 사나 Sanaa 자나

□ 우즈베키스탄 Usbekistan 우즈베키스탄 2,560만
　　□ 타슈켄트 Taschkent 타쉬켄트

□ 이라크 (der) Irak 이라크 2000만
　　□ 바그다드 Bagdad 바크다트

□ 이란 (der) Iran 이란 6,800만
　　□ 테헤란 Teheran 테헤란

□ 이스라엘 Israel 이스라엘 688만
　　□ 예루살렘 Jerusalem 예루잘렘

□ 인도 Indien 인디엔 10억2,700만
　　□ 뉴델리 Neu-Delhi 노이델리

□ 인도네시아 Indonesien 인도네지엔 2억1천만
　　□ 자카르타 Jakarta 자카르타

1 인간
2 주거
3 수
4 도시
5 교통
6 업무
7 쇼핑
8 스포츠·취미
9 지역

□ 일본 Japan 야판
　□ 도쿄 Tokyo 토쿄　　　　　　　　1억2천만

□ 중국 China 히나
　□ 베이징 Peking 페킹　　　　　　　12억9천만

□ 카자흐스탄 Kasachstan 카자흐스탄
　□ 아스타나 Astana 아스타나　　　　1,490만

□ 캄보디아 Kambodscha 캄보쟈
　□ 프놈펜 Phnom Penh 프놈펜　　　1,300만

□ 태국 Thailand 타일란트
　□ 방콕 Bangkok 방콕　　　　　　　6,197만

□ 터키 die Türkei 튀르카이
　□ 앙카라 Ankara 앙카라　　　　　　6,700만

□ 파키스탄 Pakistan 파키스탄
　□ 이슬라마바드 Islamabad 이슬라마바트　1억4,872만

□ 필리핀 die Philippinen 필리피넨
　□ 마닐라 Manila 마닐라　　　　　　8,150만

□ 한국 Südkorea 쥐트코레아
　□ 서울 Seoul 서울　　　　　　　　4,850만

유럽 Europa 오이로파

□ 그리스 Griechenland 그리흔란트
　□ 아테네 Athen 아텐　　　　　　　1,094만

	□ 네덜란드 die Niederlande 니덜란테 　　□ 암스테르담 Amsterdam 암스터담	1,620만
	□ 노르웨이 Norwegen 노르베근 　　□ 오슬로 Oslo 오슬로	457만
	□ 덴마크 Dänemark 데네마르크 　　□ 코펜하겐 Kopenhagen 코픈하근	540만
	□ 독일 Deutschland 도이칠란트 　　□ 베를린 Berlin 베를린	8,250만
	□ 러시아 Russland 루쓰란트 　　□ 모스크바 Moskau 모스카우	1억4,350만
	□ 루마니아 Rumänien 루메니엔 　　□ 부쿠레슈티 Bukarest 부카레스트	2,190만
	□ 룩셈부르크 Luxemburg 룩슴부르크 　　□ 룩셈부르크 Luxemburg 룩슴부르크	45만
	□ 벨기에 Belgien 벨기엔 　　□ 브뤼셀 Brüssel 브뤼슬	1,030만
	□ 스웨덴 Schweden 슈베든 　　□ 스톡홀름 Stockholm 슈톡홀름	901만
	□ 스위스 die Schweiz 슈바이츠 　　□ 베른 Bern 베른	739만
	□ 스페인 Spanien 슈파니엔 　　□ 마드리드 Madrid 마드리트	4,269만
	□ 아일랜드 Irland 이얼란트 　　□ 더블린 Dublin 다블린	392만

1 인간
2 주거
3 수
4 도시
5 교통
6 외음
7 쇼핑
8 스포츠·취미
9 자연

□ 영국 England 엥란트
　□ 런던 London 런던   5,923만

□ 오스트리아 Österreich 외스터라이히
　□ 빈 Wien 빈   810만

□ 우크라이나 die Ukraine 우크라이네
　□ 키예프 Kiew 키에프   4,660만

□ 이탈리아 Italien 이탈리엔
　□ 로마 Rom 롬   5,700만

□ 체코 Tschechien 체히엔
　□ 프라하 Prag 프락   1,000만

□ 포르투갈 Portugal 포르투갈
　□ 리스본 Lissabon 리싸본   1,053만

□ 폴란드 Polen 폴렌
　□ 바르샤바 Warschau 바르샤우   3,830만

□ 프랑스 Frankreich 프랑크라이히
　□ 파리 Paris 파리스   6,168만

□ 핀란드 Finnland 핀란트
　□ 헬싱키 Helsinki 헬징키   524만

□ 헝가리 Ungarn 웅가른
　□ 부다페스트 Budapest 부다페스트   1,009만

아프리카 Afrika 아프리카

	□ 가나 Ghana 가나 　□ 아크라 Accra 아크라	2,090만
	□ 나이지리아 Nigeria 니게리아 　□ 아부자 Abuja 아부쟈	1억3500만
	□ 남아프리카공화국 Südafrika 쮜트아프리카 　□ 프리토리아 Pretoria 프레토리아	4,483만
	□ 모로코 Marokko 마로코 　□ 라바트 Rabat 라바트	3,008만
	□ 수단 Sudan 주단 　□ 하르툼 Khartoum 카르툼	3,361만
	□ 알제리 Algerien 알게리엔 　□ 알제 Algier 알지어	3,180만
	□ 에티오피아 Äthiopien 에티오피엔 　□ 아디스아바바 Addis Abeba 아디스 아베바	7,000만
	□ 우간다 Uganda 우간다 　□ 캄팔라 Kampala 캄팔라	2,590만
	□ 이집트 Ägypten 에깁튼 　□ 카이로 Kairo 카이로	6,920만
	□ 케냐 Kenia 케니아 　□ 나이로비 Nairobi 나이로비	3,240만
	□ 탄자니아 Tansania 탄자니아 　□ 도도마 Dodoma 도도마	3,520만

오세아니아 Ozeanien 오체아니엔

☐ 뉴질랜드 Neuseeland 노이젤란트
   ☐ 웰링턴 Wellington 웰링턴 — 403만

☐ 호주 Australien 아우스트랄리엔
   ☐ 캔버라 Canberra 칸베라 — 1,900만

아메리카 Nord - und Südamerika 노르트 운트 쥐트아메리카

☐ 멕시코 Mexiko 멕시코
   ☐ 멕시코시티 Mexiko City 멕시코 씨터 — 1억350만

☐ 미국 die USA, die Vereinigten Staaten von Amerika
우에스아, 디 페어 아이니히튼 슈타튼 폰 아메리카
   ☐ 워싱턴 Washington 워싱턴 — 3억1백만

☐ 베네수엘라 Venezuela 베네추엘라
   ☐ 카라카스 Caracas 카라카스 — 2,500만

☐ 브라질 Brasilien 브라질리엔
   ☐ 브라질리아 Brasilia 브라질리아 — 1억8천만

☐ 아르헨티나 Argentinien 아르겐티니엔
   ☐ 부에노스아이레스 Buenos Aires 부에노스 아이레스 — 3,810만

☐ 칠레 Chile 칠레
   ☐ 산티아고 Santiago de Chile 잔티아고 드 칠레 — 1,596만

☐ 캐나다 Kanada 카나다
   ☐ 오타와 Ottawa 오타와 — 3,000만

1 인간

2 주거

3 수

4 도시

5 교통

6 업무

7 쇼핑

8 스포츠·취미

9 지연

□ 콜롬비아 Kolumbien 콜롬비엔   4,400만
   □ 보고타 Bogota 보고타

□ 쿠바 Kuba 쿠바   1,100만
   □ 아바나 Havanna 하바나

□ 페루 Peru 페루   2,700만
   □ 리마 Lima 리마

관련 단어

□ die Welt, -en [vɛlt] 벨트 세계

□ das Land, Länder [lant] 란트 나라, 국가

□ die Bevölkerung, -en [bəfœ́lkərʊŋ] 베푈커룽 국민, 인구

□ die Hauptstadt, -städte [háuptʃtat] 하우프트슈타트 수도

□ die Stadt, Städte [sʃtat] 슈타트 도시

□ das Dorf, Dörfer [dɔrf] 도르프 마을

□ die Heimat, -en sg. [háimaːt] 하이마트 고향

□ die Kultur, -en [kʊltúːɐ̯] 쿨투어 문화

□ das Industrieland, -länder [ɪndʊstríːlant] 인두스트리란트 선진국

□ das Entwicklungsland, -länder [ɛntvíklʊŋslant] 엔트비클룽스란트
   개발도상국

□ das Dritte-Welt-Land, die Dritten-Welt-Länder [das drítə vɛlt lant]
   다스 드리테 벨트 란트 후진국

연습문제 Übungen

1 다음 단어를 독일어 혹은 우리말로 고쳐 보세요.

a) 얼룩말 __________　　코끼리 __________

밤 __________　　호랑이 __________

사슴 __________

b) 백조 __________　　Schwalbe __________

독수리 __________　　부엉이 __________

Kranich __________

2 다음 그림과 단어를 연결해 보세요.

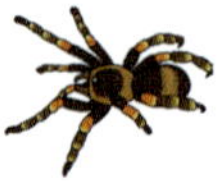 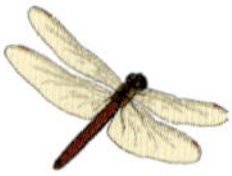 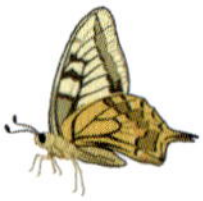 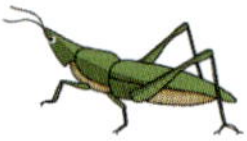 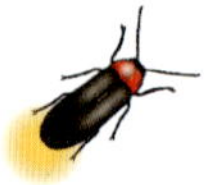

Heuschrecke　Schmetterling　Spinne　Libelle　Glühwürmchen

3 다음 보기에서 단어를 골라 빈칸에 써넣어 보세요.

a) Garnele　Karpfen　Lachs　Thunfisch　Hai　Wal

b) Rosine　Erdbeere　Pfirsich　Walnuß　Feige　Erdnuß

c) Knospe　Blatt　Samen　Bambus　Eiche　Kiefer

d) Veilchen　Seerose　Löwenzahn　Orchidee　Sonnenblume

a) 참치 __________　　새우 __________　　연어 __________

잉어 _____   상어 _____   고래 _____

b) 호두 _____   무화과 _____   딸기 _____

복숭아 _____   땅콩 _____   건포도 _____

c) 잎 _____   싹 _____   씨앗 _____

떡갈나무 _____   대나무 _____   소나무 _____

d) 해바라기 _____   민들레 _____   제비꽃 _____

난초 _____   연꽃 _____

4 다음 그림과 단어를 연결해 보세요.

Möhre   Chili   Gurke   Pilz   Knoblauch

5 다음 단어를 독일어 혹은 우리말로 고쳐 보세요.

a) 호수 _____   언덕 _____

Felswand _____   숲 _____

Felsen _____   북쪽 _____

b) 눈 _____   Wolke _____

하늘 _____   Wind _____

얼음 _____   비 _____

c) 석유 _____   Elektrizität _____

불 _____   빛 _____

Wasser _____   소리 _____

d) 회색 _____   gelb _____

갈색 _____   녹색 _____

elfenbeinfarbig _____   silbern _____

e) 해 _____   Erde _____

달 _____   보름달 _____

별 _____   Galaxie _____

f) 섬 _____   육지 _____

Wüste _____   해협 _____

Äquator _____   바다 _____

6 다음 빈칸에 알맞은 독일어를 써넣어 보세요.

a) 오른쪽으로 도세요! Biegen Sie _____ ab!

b) 집에서부터 역까지 _____ zuhause _____ zum Bahnhof

c) 그가 저 아래 있어. Er ist da _____.

7 다음 빈칸에 알맞은 독일어 혹은 우리말을 써넣어 보세요.

a) groß 큰 ↔ _____ 작은

hell _____ ↔ _____ 어두운

b) _____ 넓은   ↔ schmal _____

glücklich 행복한   ↔ _____ 불행한

c) _____ 깨끗한   ↔ _____ 더러운

reich 부유한   ↔ _____ 가난한

8 다음을 우리말로 고쳐 보세요.

a) Thailand _____   Japan _____

Australien _____   China _____

Indien _____   die Türkei _____

b) USA _____   England _____

Deutschland _____   Italien _____

Frankreich _____   Russland _____

c) Welt _____   Hauptstadt _____

Kultur _____   Bevölkerung _____

Land _____   Dorf _____

1 a) Zebra   Elefant   Schlange   Tiger   Hirsch
b) Schwan   제비   Adler   Eule   학

2 거미 - Spinne   잠자리 - Libelle   나비 - Schmetterling   메뚜기 - Heuschrecke
개똥벌레 - Glühwürmchen

3 a) Thunfisch   Garnele   Lachs   Karpfen   Hai   Wal
b) Walnuß   Feige   Erdbeere   Pfirsich   Erdnuß   Rosine
c) Blatt   Knospe   Samen   Eiche   Bambus   Kiefer
d) Sonnenblume   Löwenzahn   Veilchen   Orchidee   Seerose

4 오이 - Gurke   마늘 - Knoblauch   당근 - Möhre   버섯 - Pilz   고추 - Chili

5 a) See   Hügel   절벽   Wald   바위   Norden
b) Schnee   구름   Himmel   바람   Eis   Regen
c) Öl   전기   Feuer   Licht   물   Geräusch
d) grau   노란색   braun   grün   상아색   은색
e) Sonne   지구   Mond   Vollmond   Stern   은하계
f) Insel   Festland   사막   Kanal   적도   See

6 a) rechts   b) von, bis   c) unten

7 a) klein   밝은   dunkel
b) weit   좁은   unglücklick
c) sauber   schmutzig   arm

8 a) 태국   일본   호주   중국   인도   터키
b) 미국   영국   독일   이탈리아   프랑스   러시아
c) 세계   수도   문화   국민   나라   마을

Index

한글 색인

독일어 색인

- Theme 9의 unit 17 나라 이름 · 수도 이름 및 인구 부분과 Dialog 부분 등은 색인에서 제외하였습니다.
- 독일어 색인의 경우 문법적인 요소들을 제외한 핵심어를 기준으로 삼았습니다.

한글 색인

한글 색인

영어 색인 인덱스

ㄹ

312

314

322

ㅊ

한글 색인

독음어 색인

한글 색인

한글·오음 색인

한글 색인

독일어 색인

독일어 색인

ä

독일어 색인

d

한국어 색인

찾아보기

h

찾아 보기 | 독일어

l

n

O

ö

p

한글 색인

한국어 색인

354

독일어 색인

355

u

y

z

mp3 파일
다운 받는 방법

🖤 컴퓨터로 다운 받는 방법

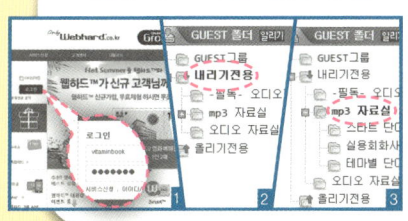

🖤 휴대폰으로 다운 받는 방법

도서 미디어, MP3 콘텐츠를
어디서나 간편하게!
콜롬북스

01 웹하드 www.webhard.co.kr 접속 아이디 vitaminbook 비밀번호 vitamin 로그인	**01** 앱스토어 또는 구글플레이 스토어에서 '콜롬북스어플' 다운로드 및 설치
02 내리기 전용을 클릭 **03** Mp3 자료실을 클릭	**02** 테마별 회화 독일어 단어 2300 검색 후 Mp3 파일 다운
04 테마별 회화 독일어 단어 2300 클릭하여 다운	**03** 안드로이드 & 아이폰(휴대폰)에서 즉시 청취 가능

한 번만 봐도 기억에 남는
테마별 회화 독일어 단어 2300

초판 7쇄 발행 | 2021년 11월 25일

엮은이 | 이진금
편 집 | 이말숙
디자인 | 이재민
그린이 | 황종익, 최혁

제 작 | 선경프린테크
펴낸곳 | Vitamin Book
펴낸이 | 박영진

등 록 | 제318-2004-00072호
주 소 | 07251 서울특별시 영등포구 영신로 40길 18 윤성빌딩 405호
전 화 | 02) 2677-1064
팩 스 | 02) 2677-1026
이메일 | vitaminbooks@naver.com
웹하드 | ID vitaminbook   PW vitamin

© 2012 Vitamin Book

ISBN 978-89-92683-46-3 (13750)

잘못 만들어진 책은 바꿔드립니다.